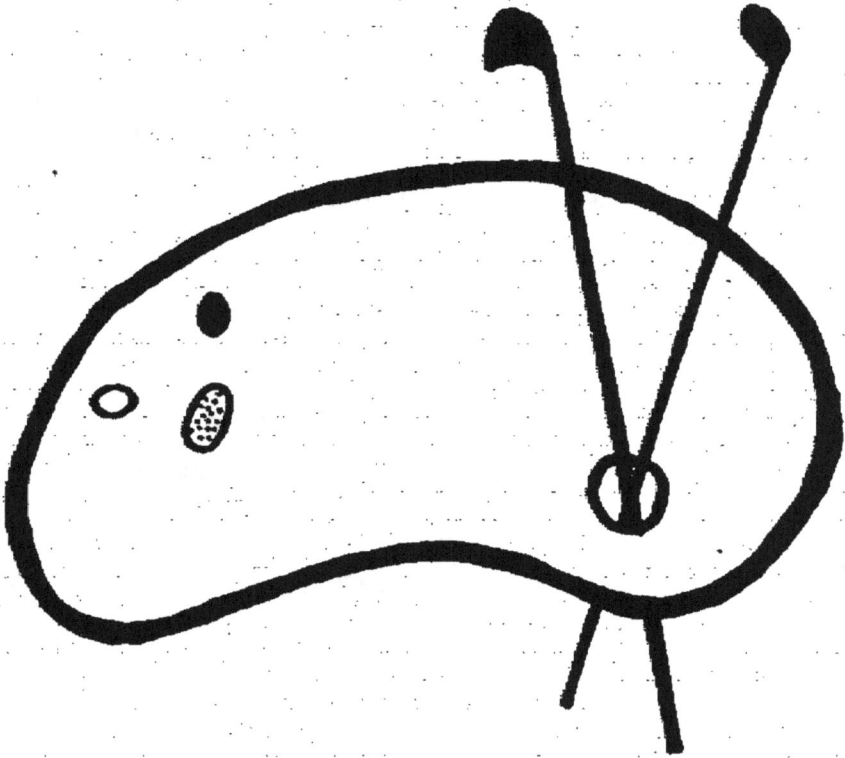

DEBUT D'UNE SERIE DE DOCUMENTS
EN COULEUR

# LA TARENTAISE

## HISTORIQUE

### MONUMENTALE, PITTORESQUE, GÉOLOGIQUE, OROGRAPHIQUE

#### AVEC LA FLORE
#### LA STATION DES PLANTES
#### LE MOIS OÙ ELLES SE RÉCOLTENT

❧

NOUVELLE ÉDITION

**revue, considérablement augmentée**

PAR

## L'ABBÉ PONT

CHANOINE

Membre correspondant de l'Académie héraldique italienne de Pise,
de l'Académie des sciences et arts de Savoie, etc.

❧

## Prix : 2 francs.

❧

## PARIS

**BRAY ET RETAUX, LIBRAIRES-ÉDITEURS**

82, RUE BONAPARTE, 82

1878

ΦΦ

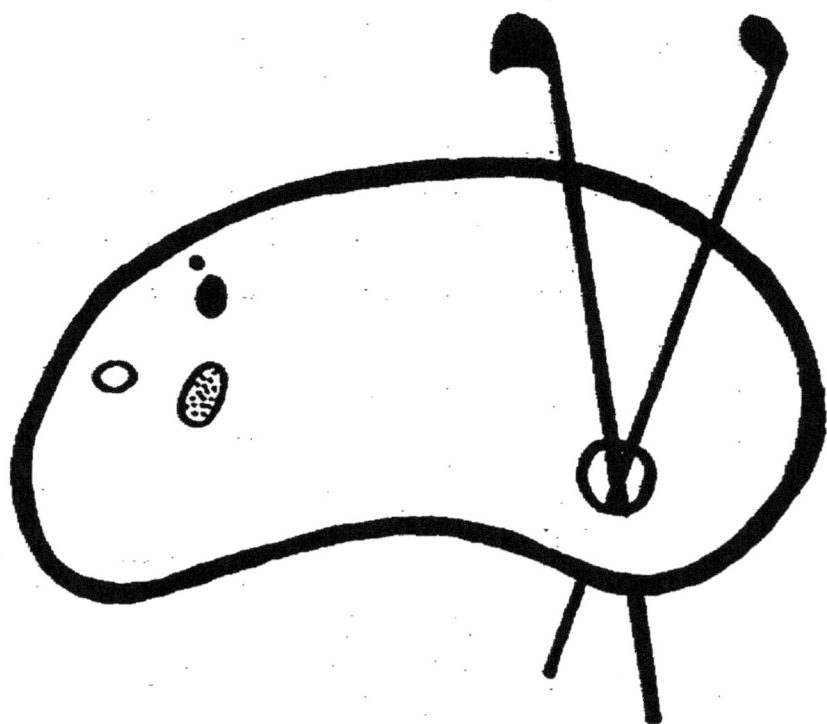

FIN D'UNE SERIE DE DOCUMENTS
EN COULEUR

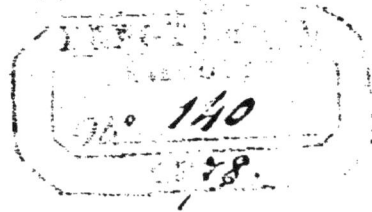

# LA TARENTAISE

## HISTORIQUE, MONUMENTALE, PITTORESQUE

## GÉOLOGIQUE, OROGRAPHIQUE

### AVEC LA FLORE

### LA STATION DES PLANTES

#### LE MOIS OU ELLES SE RÉCOLTENT

Chambéry, Albert Bottero, imprimeur de la préfecture,
51, place Saint-Léger, 51.

# LA TARENTAISE

## HISTORIQUE

## MONUMENTALE, PITTORESQUE, GÉOLOGIQUE, OROGRAPHIQUE

### AVEC LA FLORE
### LA STATION DES PLANTES
### LE MOIS OÙ ELLES SE RÉCOLTENT

———— ✷ ————

## NOUVELLE ÉDITION
### revue, considérablement augmentée

PAR

## L'ABBÉ PONT

### CHANOINE

Membre correspondant de l'Académie héraldique italienne de Pise,
de l'Académie des sciences et arts de Savoie, etc.

## PARIS
### BRAY ET RETAUX, LIBRAIRES-ÉDITEURS
### 82, RUE BONAPARTE, 82

## 1878

# AU LECTEUR

La première édition, principalement destinée aux touristes, s'étant écoulée en moins de deux ans, nous avons eu hâte d'en publier une seconde, plus étendue, plus riche, plus variée.

Les historiens grecs, latins, contemporains, ont été à nouveau relus, comparés. Après les Guichenon, les César Cantù, les Cibrario, les De Costa, les Ménabréa, la Commission historique du Gouvernement sarde, il reste peu à dire. Notre travail n'est venu qu'en sous-ordre. Il contient tout ce qu'on acquiert par une étude opiniâtre, approfondie des faits, des événements que la marche des siècles fait éclore et met chaque jour en lumière. Il est donc essentiellement éclectique.

Né en Tarentaise, nous en avons parcouru géographiquement toutes les vallées, dessiné toutes les sinuosités, et, sans prendre haleine, nous avons escaladé les glaciers, coudoyé le chamois, fait parler la flore, surpris le fier génépi au sommet des Alpes. Puis, comme Fingal, la main étendue sur la tombe de nos aïeux, nous avons interrogé leurs cendres, consigné leurs hauts faits, consacré leur mémoire.

Des sites enchanteurs, des panoramas éblouissants, des collines baignant leur piédestal dans des profondeurs insondables, où l'imagination brise l'envergure de ses ailes, tout a été reproduit avec vérité et sans ostentation.

De puissants filons métallifères de mines de fer, de cuivre, d'antimoine, de plomb et d'argent sillonnent de toutes parts la surface de la Tarentaise; d'épaisses forêts bordent les flancs ou couronnent le sommet des montagnes escarpées.

Dans les situations les plus favorisées, les plantes céréales montrent une vigueur, une rapidité d'accroissement et un luxe, un éclat de végétation qu'on est ravi de trouver dans ces retraites silencieuses. Dans les lieux moins abrités, une abondante et fraîche verdure couvre à la fois les plateaux et les vallons, où vient paître un bétail nombreux et distingué.

A l'étonnement qu'inspire cette magnifique dotation de richesses et de produits de tous genres, vient s'ajouter un nouveau motif de surprise et d'admiration : c'est de voir l'espèce de prodigalité avec laquelle sont répandues les eaux minérales salées et les sources médicinales les plus efficaces.

La Tarentaise n'attend plus que les *coursiers* du chemin de fer pour prendre rang entre les premiers départements de France.

# LA TARENTAISE

## HISTORIQUE, MONUMENTALE, PITTORESQUE
## GÉOLOGIQUE, OROGRAPHIQUE

## CHAPITRE PREMIER.

### Dénomination primitive de la Tarentaise. Kentrons. Langue. Limites.

Les savantes dissertations, des ressemblances de
formes et de mœurs, les révélations de la philologie
comparée, permettent de rattacher avec assez de vérité les peuples européens aux peuples aryens, qui
sont les Perses et les Indous.

On est cependant forcé d'admettre, antérieurement
à l'arrivée des Aryens en Europe, l'existence d'une
race ouralienne. Les découvertes récentes de la
science nous la montrent fixée sur le sol européen à
une époque qui dépasse toutes les prévisions de
l'histoire.

La classification moderne affirme que les Ouraliens, premiers occupants du sol gaulois, correspondent à l'âge de la pierre. Une première émigration de la race aryenne, laquelle paraît se rapporter aux Pélasges de l'antiquité et à l'âge de bronze, vint expulser les Ouraliens et parfois se les assimiler.

A ce même temps de la pierre et du bronze correspondent aussi les Ombriens, les Galls ou Gaulois primitifs, jusqu'au temps de la guerre de Troie. Une invasion qui suivit celle-là, et que l'on pourrait appeler phrygienne et cymrique, importa le fer en Europe. Cette importation est le point de départ des idées historiques. Les Cymriques, réunis aux Galls dans nos contrées, formèrent le peuple gaulois, et constituèrent cette puissante nation qui subsista jusqu'à la conquête de la Gaule par Jules César.

César dit, en parlant de ces peuples : « Ils s'appellent Celtes dans leur langue; dans la nôtre, nous les nommons Gaulois. »

Une horde cymro-bryge, qui s'était arrêtée en Allemagne vers la frontière hercinienne, refoulée par l'arrivée de nouvelles hordes, envahit la Gaule orientale, s'arrêta dans le Bugey, le Dauphiné et la Savoie, au milieu d'anciennes populations galliques, ombriennes, ligures et pélasgiennes. Cette invasion avait eu lieu au VIe siècle avant l'ère chrétienne.

Les premiers habitants de la Tarentaise, jusqu'à leur conquête par Auguste, étaient appelés Kentrons; leur pays, Kentronie. En dehors des Allobroges, les deux versants des Alpes étaient occupés par de petits peuples qui vivaient libres comme l'air qu'ils respiraient, et se distinguaient par un esprit de fierté et d'indépendance que l'on retrouve toujours chez les peuples montagnards.

Pendant que Jules César poursuivait le cours de ses conquêtes dans les Gaules, ces peuplades indomptables l'inquiétaient dans sa marche, mais ne pouvaient aucunement compromettre l'existence politique de Rome. Il se contenta de s'ouvrir un passage par la force des armes, sans chercher à les soumettre. Les petits peuples alpins ne pouvaient rien ajouter à sa gloire. La conquête des Gaules était l'unique but de ses héroïques efforts. ·

Sous le règne d'Auguste, toute la vaste chaîne des Alpes était soumise à l'empire romain. Le Sénat fit élever, en mémoire de cet événement, un monument colossal où figurent les noms de ces peuples, à l'exception des Kentrons, qui eurent l'honneur de ne pas être attelés au char triomphal d'Auguste, parce qu'ils n'étaient pas définitivement soumis lors de l'érection du trophée de la Turbie.

Quelle est l'étymologie du mot Kentron? M. L. Morin, professeur d'histoire à la faculté de Rennes, nous écrit que le mot Kentron est indubitablement celtique, et signifie aiguillon, éperon, et désigne encore ceux qui se servent de l'aiguillon, de l'éperon; il ajoute que les peuplades celtiques portaient un nom significatif, exprimant une qualité, et non point un nom topique.

M. Pictet, de Genève, a bien voulu nous écrire ce

**12**

qui suit : « Le *C* gaulois et néo-celtique a toujours et partout la valeur du *K*, et l'on prononçait, sans aucun doute, *Kentrons*, forme qui se trouve d'ailleurs dans Ptolémée, III, 1, et Strabon, IV ; avant la domination romaine, Kentron était le seul terme grammatical, historique, employé ; il ne s'agissait pas de Chentron ni de Ceutron. »

M. Léon Renier (*Mémoire, n° 9, sur l'inscription de la Forclaz en Faucigny, Savoie*, extrait de la *Revue archéologique*, XVIᵉ année) s'exprime ainsi : « Suivant tous les éditeurs, le plus ancien et le meilleur manuscrit de Strabon est le n° 1397 de la Bibliothèque impériale. Je l'ai collationné. On y lit, dans le premier passage, *Kentrones*, dans les deux autres *Kentronas*. Après ce manuscrit, le plus estimé est le n° 1393 de la même Bibliothèque ; on y lit, dans le premier passage, *Kentrones*, dans le second *Kentronas*, etc. »

Pelloutier (tome Iᵉʳ), Le Hericher, Romaché, Zeus (*Grammatica celtica*, pages 53, 744), le père Pesson (*Antiquités des Gaulois*, page 424), Du Méril (*Essai philosophique de la formation de la langue française*) sont unanimes à affirmer que le *K* a été remplacé par le *C* dans la prononciation, comme plus harmonieux et plus doux.

M. Tell (*Mécanisme de la langue française*, page 95) observe que l'on prononçait *Kentrons*, *Kimbres*, *Keltes*, et non *Centrons*, *Cimbres*, *Celtes*. Dans l'ancien roman, on prononçait encore *kapiau*, *karbon* pour *chapeau*, *charbon*, etc.

Il est donc prouvé avec toute évidence que les premiers habitants de la Tarentaise étaient les Kentrons ou Keutrons, et que leur pays s'appelait Kentronie. Quant au mot *Ceutrons* qu'on lit dans quelques inscriptions lapidaires latines, la voyelle *U*, remplaçant l'*N*, a été récemment adoptée, dit un historien moderne, Victor de Saint-Genis, sur la foi *d'une faute commise par un tailleur de pierre* (1).

« Otez, dit le président de Brosses (*Mécanisme du langage*, tome I, page 85), ôtez du français tout le grec et le latin qu'y ont apporté les Marseillais et les Romains, tout le saxon et le teuton provenant des Francs, après quoi retranchez-en les emprunts faits aux langues de l'Orient, il est presque certain que le restant sera le pur celtique des anciens Gaulois. »

Les limites de la Kentronie comprenaient la Tarentaise actuelle, les vallées de Beaufort, de Flumet, de Mégève, de Chamonix, jusqu'à la Forclaz; s'étendaient au bas Vallais et aux Alpes grecques (Petit-Saint-Bernard). Au midi, les Kentrons avaient pour voisins les Allobroges; leur limite était une ligne suivant la crête des montagnes des Têtes, des Aravis et du mont Charvin, qui séparent la vallée de l'Arly du bassin du lac d'Annecy, et ensuite une portion du vaste massif des Beauges, jusque vers Miolans : ceci résulte d'une inscription publiée par M. Allmer (2).

(1) *Histoire de Savoie*, tome 1er, page 81, 2e note.
(2) *Mémoires de la Société littéraire de Lyon*, 1866.

Quand les Romains conquirent les Gaules, la langue celtique y était dominante. La Kentronie, devenue province romaine, s'appela Tarentaise; elle reçut diverses dénominations civiles et administratives. Sa langue fut profondément modifiée par la langue officielle; quelques rares expressions celtiques nous restent comme souvenir de notre origine.

## CHAPITRE II.

### Gilly. Albertville. Conflans.

Le chemin de fer actuel de Chambéry à Chamousset passera en moins de deux ans par Saint-Pierre-d'Albigny, au-dessus de la route nationale, traversant le village de **Gilly** (756 habitants), distant d'Albertville de deux kilomètres.

On voit à Gilly les vestiges d'un monument dédié à Cérès, un beau bloc de marbre, autel votif qui sert aujourd'hui de pressoir; plus loin sont les ruines d'un château burgonde. La tradition mentionne l'existence d'un chêne druidique entouré de blocs de granit formant un cromlech, où les prêtres célébraient leurs cérémonies mystérieuses.

Tel était le respect superstitieux qui entourait ce chêne, que son propriétaire ne pouvait trouver aucun ouvrier qui voulût consentir à l'ébrancher. Il était obligé de saisir au passage quelque indigent étranger au pays qui s'acquittât de cet office. Dernièrement il a été abattu ; le propriétaire employa la main d'un sourd-muet qui traversait la contrée en demandant l'aumône.

Gilly, qui n'est que le faubourg d'Albertville, forme un panorama d'une rare beauté. Richesse du sol, variété de productions, douce température, animation terrestre et aérienne, tout enchante et ravit l'observateur. Là finit la combe de Savoie.

**Albertville** (4,750 habitants). Haut pont sur l'Arly (359 mètres) ; hôtels de la Balance, de l'Union, de l'Etoile, etc. ; cafés Boissat, Berthoud, Million, etc. — Placée sur la route d'Italie par le Petit-Saint-Bernard, sur celles de la Maurienne par Aiguebelle, d'Annecy par Faverges, de Sallanches par Ugines, Flumet et Mégève, cette ville est devenue un centre de commerce très-actif, où convergent toutes les productions des vallées de Beaufort, de Tarentaise et du Faucigny. Des forts de première classe se construisent du couchant au nord, et en font une position stratégique formidable.

Au moyen âge, quelques maisons parurent d'abord au pied de la colline, sur les ruines mêmes de l'ancien établissement des Publicains, *ad Publicanos* (c'étaient des lieux de péage établis sur les frontières : *in pontibus,* dit Sénèque, *quibusdam pro transitu dabatur*). Plus tard, au XIV<sup>e</sup> siècle, après la construction en ce lieu d'un hospice de chevaliers de Saint-Jean-de-Jérusalem, les maisons, devenues plus nombreuses, prirent le nom de l'Hôpital ; elles y ajoutèrent celui de Ville-Franche depuis que les comtes de Savoie eurent accordé des franchises aux chevaliers, à la condition de recevoir dans leur hospice les malades du grand hôpital de Conflans.

On y voit des édifices, des établissements, des institutions qui prouvent le goût artistique et l'admirable dévouement des habitants, église, sous-préfecture, palais de justice, écoles de Frères de la Croix, des Sœurs de Saint-Joseph, école normale, hospice, salle d'asile, maison pénitentiaire, fontaines, promenades, champ de mars, vaste pré de foire, etc.

A l'angle sud-est de l'ancienne église paroissiale, repose la cendre de l'apôtre moderne de la Savoie, le vénérable abbé Favre. Une inscription fait connaître son mérite. Il est décédé le 16 juin 1838.

Albertville possède une Société littéraire.

Les communes de l'Hôpital et de Conflans furent supprimées pour former une seule et même ville, à laquelle Charles-Albert a donné le nom d'Albertville (1). De 1814 à 1815, alors qu'une portion de la Savoie appartenait encore à la France, Conflans avait été choisi pour être le siége du Sénat, et l'Hôpital retenait le bureau de l'intendance, siége central d'administration.

(1) Patentes du 19 décembre 1836.

L'arrondissement d'Albertville se compose de 4 cantons, 42 communes, 86,864 habitants.

Le 14 juin 1815, un sanglant combat est livré à l'Hôpital. Le baron Trenk, à la tête de 9,000 Autrichiens, engage l'action. Le colonel Bugeaud, commandant la 14ᵉ demi-brigade, coupe le pont de bois sur l'Arly et se retranche à l'Hôpital. Le pont sert de théâtre à un combat furieux. Le nombre l'emporte ; l'ennemi s'installe sur la rive droite. L'Hôpital est repris six fois. Les habitants se jettent à leur tour sur les Croates qui pillent leurs maisons ; les femmes elles-mêmes s'arment de faux ou chargent les fusils. Mais Trenk mitraille les Français de flanc, et les force à se replier sur Saint-Sigismond ; ils se retirent en bon ordre sur Faverges.

**Conflans** (hauteur 468 m.), du latin *confluens*, parce qu'il est situé au confluent de l'Arly et de l'Isère.

A l'angle extérieur de la sacristie, est un fragment d'inscription romaine ; on y a trouvé plusieurs tombeaux romains. L'énorme roche sur laquelle est assise la ville, adossée au revers occidental du mont Mirantin, ferme l'entrée de la vallée et ne laisse qu'un étroit passage à la rivière, qui jadis occupait tout l'espace.

Dès la plus haute antiquité, cet emplacement, considéré comme la clef de la Tarentaise, fut couvert de fortifications. Conflans revendique l'honneur d'avoir été le théâtre du premier combat qu'Annibal livra aux Kentrons. Il séparait le territoire de ces peuples de celui des Allobroges ; c'est de là que ces derniers prirent congé d'Annibal, après l'avoir escorté depuis Vienne jusque-là.

François I<sup>er</sup> fit démanteler Conflans (1536); Lesdiguières acheva l'œuvre de destruction commencée par ce monarque (1600), puis les Espagnols ravagèrent cette ville et la ruinèrent complètement (1632 et 1742). Cette ville était protégée par les châteaux-forts des seigneurs de Duingt-Maréchal, comtes de la Val-d'Isère, vicomtes de Tarentaise, et par celui de la Maison-Forêt. Les princes et les grandes familles de Savoie y faisaient leur résidence alors qu'elle était le siége de diverses administrations publiques.

En 1768, Conflans fut érigé en principauté en faveur des évêques de Tarentaise, qui avaient abandonné à la maison de Savoie les derniers domaines qu'ils possédaient dans la province ; ils devinrent par la même cession princes de Saint-Sigismond.

Des murailles renforcées de tours décrivent les accidents du rocher ; deux portes d'entrée, dont une dite la porte Tarine, ne manquent pas de caractère ; une ancienne église, où l'on remarque une belle chaire provenant de l'abbaye de Tamié ; un édifice du XII<sup>e</sup> siècle, le Château-Rouge, ancienne demeure des princes de Savoie, puis communauté de Sœurs Bernardines, servant plus tard de caserne d'infanterie ; l'admirable vue dont on jouit depuis une terrasse qui sert de place publique, méritent qu'on s'y rende. L'œil plonge sur la partie la plus belle et la plus variée de la Combe de Savoie, ainsi que sur les chaînes de montagnes qui bordent le cours de l'Isère jusqu'à Montmélian.

Du côté opposé, on a devant soi un magnifique rideau de montagnes qui s'élèvent à une grande hauteur en forme d'amphithéâtre, et ont leurs cimes couvertes de glaces et de neiges. Au delà de la ville, jaillit une source d'eau dont la minéralisation est conforme aux eaux ferrugineuses. Lorsqu'on quitte la rive gauche de l'Arly, sous le Château-Manuel, on a en face le massif de la Belle-Etoile, représentant la silhouette de l'historien Gibbon.

Sur la route, entre le rocher et l'Isère, on voit un établissement qui, au siècle dernier, servait de supplément aux salines de Moûtiers, et où l'on faisait venir l'eau salée au moyen de tuyaux de près de trente kilomètres de longueur. Sous le premier Empire, cet établissement servait de fonderie. On y traitait du minerai de plomb argentifère, venant des mines de Mâcot et de Peisey.

# CHAPITRE III.

Tours. Col de la Bâthie. Saint-Paul. Col de Bâmont. Dent du
Corbeau. Bellachat. Roche-Cevins. Feissons-sous-Briançon.
Château. Celliers. Aigueblanche. Val d'Aigueblanche. Grand-
Cœur. Petit-Cœur. Les Avanchers. Le Bois. Doucy. Bellecombe.

**Tours** (45 min., 505 habit.; auberge). Au sortir
d'Albertville, la route, rive droite de l'Isère, chemine
au milieu de noyers et autres arbres fruitiers. On
laisse à droite un vieux manoir féodal, et l'on arrive à

**La Bâthie** (35 min., 1,281 hab.), village adossé
au pied de la montagne. Tout près sont les ruines
d'un ancien château du même nom que le village,
appartenant aux archevêques de Tarentaise. Ces
ruines offrent à l'archéologue un sujet d'études cu-
rieuses, attendu que l'on y distingue trois styles bien
différents : le roman, le gothique, la renaissance ;
elles couronnent un rocher qui, en s'avançant, cir-
conscrit le bassin et rectifie la route centrale. On
traverse le hameau et le nant d'Arbine. C'est dans la
gorge étroite et rapide où coule ce torrent que passe
un chemin à mulets, qui, partant du village de la
Bâthie, traverse le *col de la Bâthie*, et redescend sur
Beaufort, après avoir traversé le Planey et Arêches.
C'est une course de 4 heures 30 min. En face d'Arbine, on aperçoit du côté de l'Isère, sur un rocher

dominant la rivière, les ruines d'un autre château-fort.

**Pas de la Roche-Cevins.** En débouchant à l'extrémité de la plaine d'Arbine, on arrive au pied d'un roc qui semble barrer la vallée, et au sommet duquel s'élève une élégante chapelle, bâtie en 1866, qui sert de calvaire au village de Cevins. C'est à partir du village de Langon, situé au nord de la plaine d'Arbine, que l'on mesure les stades parcourues par Annibal jusqu'au petit Saint-Bernard. En face, de l'autre côté de la rivière, s'étale le village de *Saint-Paul* (680 habit.) au milieu de la verdure et des châtaigniers.

Un bon sentier à mulets monte jusqu'au *col de Bâmont,* d'où l'on descend en Maurienne sur le village de *Mont-Sapey* (500 hab.) ou sur les hauts-fourneaux d'Argentine. Un autre traverse le col de Darbellay et conduit à Notre-Dame-des-Millières, sur la rive gauche de l'Isère. Outre la *dent du Corbeau* et les cimes de *Bellachat,* le pic d'Arban, la Grande-Lanche, la Croix de Queige et le Grand-Bec dominent le passage. Du sommet de *Bellachat* (2,489 m.) on jouit d'un admirable panorama sur la Maurienne, la Tarentaise et la basse Savoie.

**La Roche-Cevins** (1 h., 610 hab., hauteur 410 m.) est abritée par le rocher dont nous avons parlé. Cette position fait que les mouches s'y développent en telle quantité, qu'elles y deviennent un fléau. Au milieu du siècle dernier, ce village fut brûlé par les

Espagnols. Lors de l'invasion de la Tarentaise par les Sarrasins, il fut occupé pendant cinquante ans. Il est la limite de l'arrondissement d'Albertville. Il y existe plusieurs artifices mus par l'eau, et l'on y fait un grand commerce d'ardoises, dont les carrières sont plus haut dans la montagne. Ce sont les plus estimées de la Savoie. On aperçoit, sur la rive opposée de l'Isère, le village de *Rognaix* (297 hab.). Après 45 min. de marche on arrive à

**Feissons-sous-Briançon** (496 hab., hauteur 415 mèt.), premier village de Tarentaise. On y voit une grosse pierre druidique sur laquelle on a élevé une petite chapelle. Au nord, à mi-côte, s'élève une tour en ruine, surmontée d'un pin solitaire, héritier muet du passé.

Après avoir admiré en passant la cascade de Glaise, qui a sa source au Cormet de la Lauza et au mont Lathuile, on arrive au *Pas de Briançon* (30 min. jusqu'au pont de Notre-Dame-de-Briançon, à partir de Feissons). C'est l'un des sites les plus célèbres de la Tarentaise. Les rochers de la rive gauche, aux sommets ardus, sont couronnés de ruines menaçantes, vaste débris d'un donjon féodal qui, remplaçant un *oppide* gaulois, un *castrum* romain ou une forteresse sarrasine, commandait ce passage inquiétant. Les seigneurs de Briançon, déjà puissants au IX° siècle, furent longtemps la terreur de la contrée, ouvrant ou fermant à leur gré la porte de la Tarentaise. Ils occupaient leurs loisirs à détrousser les passants, tant par *honnêtes moyens, subtiles pratiques, aimables compositions,* que par l'emploi, au besoin, *de menaces et de force,* le tout autant *pour le sérieux* et garnir *l'escarcelle* que *pour l'amour des dames.*

L'archevêque Héraclius sollicita l'appui de Humbert II, comte de Savoie, pour réduire à l'impuissance Eméric de Briançon; il assiégea le château, le prit et le démantela. Dès ce moment l'autorité du comte s'étendit sur Salins et jusqu'aux sources de l'Isère. Toutefois les seigneurs continuèrent d'y habiter jusqu'au moment où Jacques de Montmayeur le légua au duc de Savoie, qui l'affecta à la défense de l'Etat.

François Ier l'emporta d'assaut et y mit un gouverneur qui l'occupa jusqu'à Henri II. Sous le règne de Louis XIII, le prince Thomas tenta de s'y établir pour arrêter les Français. Il fut pris par Henri IV (1600). Catinat le ruina complètement.

Que reste-t-il de cette antique forteresse, jadis l'effroi de la contrée? les soubassements de trois énormes tours et des remparts accrochés aux aspérités du roc; des souterrains qui résonnent sous les pas du voyageur, et dont l'entrée est obstruée par des débris et des broussailles épineuses. On y parvient, du côté de la montagne, par un sentier délaissé, raviné en maints endroits; du côté de l'Isère, on y monte par un escalier tortueux de plusieurs centaines de marches, les unes en pierres de taille, les autres pratiquées dans le rocher même.

Un pont ancien, à une seule arche très-cintrée, aux assises d'origine romaine, enjambe l'Isère et aboutit au pied de l'escalier, vis-à-vis d'une vénérable chapelle, devenue l'église paroissiale, remontant à une haute antiquité. Longeant la rive gauche de l'Isère, en aval de l'église, on traverse le nant de la Rave; un sentier nouvellement élargi s'élève au midi par un grand nombre de voltes fort rapides, et vous conduit au village de

**Bonneval** (458 hab.) après 1 h. 40 min. de marche. Bonneval présente une ancienne église et une vieille gentilhommerie à la tour massive et tronquée, au milieu d'une forêt de sapins. Le chemin surplombe un horrible précipice. Après avoir traversé les hameaux de Biolley et de Lathuile, on voit scintiller la flèche de *Notre-Dame-des-Villards*. Beaucoup de pâturages, des pois connus de toute la Savoie, forment presque toute la richesse de cette combe. Trois sentiers traversent le massif, au col de la Mule, à la pointe d'Arbet et au roc du Pays, où se trouve une ancienne tour télégraphique; ils tombent sur Argentières, dans la basse Maurienne.

**Aigueblanche** (1 h. de Briançon; 478 hab.). Après avoir traversé le rocher, la vallée s'élargit et forme un beau bassin ovale qui est désigné, à cause de sa fertilité, sous le nom de Jardin de la Tarentaise. En haut de ce bassin, à gauche, s'aperçoit, au milieu des arbres, le village de *Petit-Cœur*, dominé par un château devenu l'habitation de paysans. C'est là que passe la route muletière de Moûtiers à Beaufort, traversant au nord les villages de *Naves* (400 hab.); au levant (20 min.) est le village de *Grand-Cœur*, dont les vins, notamment ceux de Contant et des Lots, sont fort estimés, plus encore ceux de Lachat; aux expositions régionales, départementales, ils sont toujours classés avec distinction.

La vallée d'Aigueblanche offre un intérêt réel au géologue, au minéralogiste, à l'antiquaire. On y voit des filons de cuivre, d'anthracite, de plomb argentifère, des carrières de pierres de taille. On trouve à Petit-Cœur de magnifiques empreintes de fougères et, par anomalie, des terrains tertiaires et secondaires alternés.

Au village d'Aigueblanche existent deux sources considérables : l'une, l'Eau-Blanche, l'autre, l'Eau-Rousse, qui font mouvoir des scieries et des moulins. L'une est tellement saturée de principes sédimenteux, que le canal qui les conduit sous les usines, ainsi que les artifices de celles-ci, se revêtent promptement d'une couche gypseuse que l'on est obligé d'enlever de temps à autre, sans cela les usines cesseraient de fonctionner. On y montre une partie de ses vieux châteaux, une porte cintrée et des fragments de remparts. Un joli pont de pierre jeté sur l'Isère relie Aigueblanche à la combe des *Avanchers*, dont l'entrée se trouve en face du village. On aperçoit un peu plus haut, ou plutôt on devine les débris d'un pont qui aboutissait à la voie romaine ouverte de l'autre côté de la rivière, contre le rocher Séran; on n'y voit aujourd'hui qu'un sentier moderne et chétif de la grande voie prétorienne. Aigueblanche a vu naître

Pierre, dit d'Aigueblanche, évêque d'Hereford en Angleterre, 1254. (Hôtels : Croix-Blanche, Perret.)

Ayant traversé l'Isère, on arrive au village de *Le Bois* (1 h., 325 hab.). Ce village est assis au pied de la montagne schisteuse de Bellatare. D'un autre côté, le Sécheron, redoutable par ses débordements, est une menace permanente pour ce malheureux village. L'église est bâtie sur les fondements d'un ancien monastère de femmes; plus loin, pleurent les murs entr'ouverts des châteaux des barons de la localité. Bellecombe, Saint-Oyen, Petit-Cœur, Grand-Cœur ont aussi des tours féodales cachées sous le lierre, souillées par la retraite du hibou.

**Bellecombe** (1 h., au couchant de Le bois, 213 hab.) rappelle les campements d'Annibal et de Catinat. On y a récemment trouvé, enfouies en terre, des armes carthaginoises. Fabrique romaine de tuilerie, aujourd'hui exploitée par M. Tatout.

**Les Avanchers** (726 hab., 1 h. au midi de Bellecombe) citent quelques faits qui tendraient à prouver que Murat, roi de Naples, est originaire de cette commune. Par ses sommets, ce village communique avec Saint-Jean-de-Belleville par le Golet, le col de la Madeleine (hauteur 2,023 m.); de là on descend en Maurienne (5 h.) et on tombe à la Chambre. Redescendant des Avanchers, au couchant, on arrive (2 h.) à *Doucy* (641 hab.) en traversant le torrent Morel. Le territoire de Doucy est fort riche; malheureusement il repose sur une base schisteuse qui, chaque année, s'émiette et laisse craindre un effondrement total. Des crevasses nombreuses et profondes entr'ouvrent le sol de toutes parts.

Après une heure de descente par Saint-Oyen et Aigueblanche, on entre dans une vallée fort étroite, au fond de laquelle coulent les eaux de l'Isère. On voit au loin une montagne aiguë et pyramidale : c'est le rocher de la *Chale* ou de la *Laze*, qui domine la vallée des Allues. Après une demi-heure de marche, on est à Moûtiers.

# CHAPITRE IV.

## Moûtiers. Origine. Monuments. Pain de Mai. Mont-Saint-Michel. Roc-du-Diable.

**Moûtiers** (25 min., 2,000 hab., hauteur 487 m.; hôtels : de Tarentaise, Visioz, Ruffier. — Imprimerie Marc Cane. — Librairies Ducloz, veuve Blanc. — On y trouve voitures pour tous pays. — Services réguliers pour les bains de Brides et de Salins. — Cercle scientifique, littéraire. — Cafés. — Fournisseurs en tous genres. Une place, au centre de la ville, forme le point de convergence où se rencontrent voyageurs, négociants, touristes, débouchant de toutes les vallées. Une autre place s'étend sur la rive gauche de l'Isère et la route de Salins; des platanes touffus y attirent les promeneurs et réservent un abri sûr aux bazars que les circonstances de foires et de fêtes y improvisent.)

Napoléon I<sup>er</sup> créa à Moûtiers une *école pratique des mines* dont la réputation devint européenne. Les gisements de plomb, d'argent de Peisey, de Mâcot, furent étudiés et exploités avec autant d'intelligence que de célérité.

L'établissement des salines est aujourd'hui entièrement disparu. Il comprenait d'immenses bâtiments de graduation, remplis de fagots, entre lesquels on laissait suinter l'eau salée pour la concentrer par l'évaporation et lui enlever les matières terreuses qu'elle contenait. Le cabinet minéralogique a été transporté à Turin au détriment de Moûtiers et des savants étrangers.

Le grand séminaire possède une bibliothèque aussi riche que variée; le petit séminaire, un fort joli cabinet de physique. Les écoles primaires sont tenues par les Frères de la Croix et les Religieuses de Saint-Joseph. La salle d'asile, l'orphelinat, l'hôtel-Dieu, placés sous la direction des mêmes Sœurs, ne laissent rien à désirer.

Moûtiers possède une académie, connue sous le nom d'*Académie de la Val-d'Isère*, un Club alpin, une Société du titre de Société générale de la Tarentaise, récemment établie, ayant son siége principal à

Paris. Elle s'occupe de tout ce qui intéresse le progrès industriel du pays, surtout des eaux thermales de Brides-les-Bains et de Salins.

Les édifices les plus remarquables sont l'évêché, la sous-préfecture, le palais de justice, l'ancien bâtiment des mines, dont la haute tour carrée rappelle un temps déjà éloigné de nous.

Moûtiers, capitale de la Tarentaise, que l'on désigne quelquefois sous le nom de Moûtiers-Tarentaise, doit son origine au monastère construit par saint Jacques, premier évêque de la contrée, *paraît-il*, sur l'emplacement de l'ancienne bourgade centronique de *Darentasia, Dorentasia* ou *Tarentasia*, devenue plus tard la cité romaine connue officiellement sous le nom de *Forum Claudii*, sans pourtant cesser de conserver son nom primitif parmi le peuple alpin.

Cette cité disparut sans que l'on sache précisément ni à quelle époque, ni par qui, ni comment elle fut détruite. On présume toutefois qu'elle a dû périr au V° siècle soit par des ensablements de rivières, soit par des hordes de barbares qui à cette époque se jetèrent sur les Gaules. Gontran, roi de Bourgogne, fit cession du territoire de Moûtiers à saint Jacques; les évêques, ses successeurs, continuèrent d'en jouir jusqu'en 1337, époque où Aimon-le-Pacifique, comte de Savoie, appelé pour défendre les droits épiscopaux, s'en empara. Il rasa les murailles, abattit les portes et les tours, et ne laissa à l'archevêque Jacques de Salins qu'une souveraineté dérisoire; plusieurs immunités furent en même temps accordées aux habitants. Déjà Charlemagne avait érigé l'évêché en archevêché.

Cette ville occupe les deux rives de l'Isère, reliées entre elles par deux ponts, dont l'un, le pont Saint-Pierre, est orné de quatre obélisques tronqués. Des maisons élégantes, à galeries et balcons, sont construites sur deux quais de récente création. Le débarcadère qui va s'élever au midi de la ville, pour relier la Tarentaise par un chemin de fer avec toute la France, en régularisera le périmètre et lui donnera le plus gracieux aspect.

C'est à Moûtiers que se tint la dernière assemblée nationale des Etats généraux de Savoie, le 19 septembre 1522, sous Charles, dit le Bon.

La cathédrale fut bâtie vers l'an 450 par saint Marcel, successeur de saint Jacques ; ruinée par les Sarrasins, elle fut reconstruite en 1461. Ce monument, composé de plusieurs styles, est surtout remarquable par la chapelle de sainte Marie et le porche principal, qui offrent d'intéressants échantillons de l'art ogival. L'autel de saint Pierre II rappelle la fondation de l'aumône dite du *Pain de Mai*. Une princesse de la famille ducale de Savoie, désignée sous le nom de *Dame Blanche* à cause de son vêtement habituel, touchée de l'extrême détresse où se trouvait la population, les provisions de l'année précédente étant épuisées, se concerta avec l'archevêque Pierre II, et consacra une somme considérable pour venir au secours des indigents de la contrée par une distribution annuelle de pain à faire au mois de mai, époque où la faim se fait plus particulièrement sentir. Le tableau de l'autel de saint Pierre représente cette cérémonie. C'est une des dernières œuvres de notre habile peintre Guille.

Sur la façade extérieure de l'église, on lit en caractères gothiques l'inscription suivante :

✝ JÉSUS.

L'an du Seigneur 1461.

*Cet ouvrage a été fait par maître François Cirgat Latonus, pour lequel le chapitre de cette église sera tenu de faire chaque année, à ses frais, un anniversaire le lendemain de la fête de S. Pierre, patron de la cathédrale, avec célébration simultanée de quatre messes pour le repos de l'âme dudit François, de Jacquemette, sa femme, et selon leurs intentions particulières.*
*Cet ouvrage a été fait en exécution des ordres du seigneur cardinal De Arciis.*

Au nord-est s'élève une montagne qui force l'Isère à décrire un coude prononcé : c'est le mont Gargan, ou plutôt le mont Saint-Michel ou des Cordeliers. Au pied de cette montagne, sur une terrasse naturelle, agrandie et aplanie par le travail de l'homme, existait un modeste prieuré sous le vocable de saint Michel. Après maintes vicissitudes, ce prieuré fut transformé en un couvent de Cordeliers de la régulière observance. Les religieux y formèrent une riche bibliothèque et possédaient une édition imprimée par

Jean Faust, 1462, qui fut vendue au prix de 10,000 livres et déposée à la Bibliothèque royale.

Ce domaine, vendu au profit de l'Etat, fut racheté par Mᵍʳ Charvaz, qui le céda au diocèse de Tarentaise entre les mains de Mᵍʳ Turinaz, en 1863. L'ignorance et la malignité ont étrangement travesti la vie cénobitique des Cordeliers. Les missionnaires de saint François de Sales d'Annecy occupent cet établissement sous la juridiction de l'évêque de Tarentaise.

Le magique Roc-du-Diable, que les géographes n'ont jamais bien précisé, s'élève sur la rive gauche de l'Isère, au sud-est de la ville de Moûtiers; il surplombe les maisons dites *les Routes*, en face des Cordeliers; sa robe gypseuse, arrondie, tranche quelque peu avec le noir épiderme de son nom patronymique. Le panorama est indescriptible; il embrasse les montagnes du Dauphiné, du Mont-Blanc, du Mont-Cenis, le bassin d'Albertville, et domine toute la Tarentaise (2,500 m. de hauteur).

L'origine de la ville de Moûtiers est tout à fait ecclésiastique; à partir de 426 environ, on compte 87 prélats, dont 60 archevêques. L'archevêque Pierre II a été canonisé. Le diocèse de Tarentaise a fourni deux papes : Gérald, *Nicolas II* (1058), et Pierre de Champagny, *Innocent V* (1276).

# CHAPITRE V.

## Arrondissement de Moûtiers. Limites. Rivières. Population. Mont Jovet.

Moûtiers est le chef-lieu de l'arrondissement de ce nom (département de la Savoie); il comprend quatre cantons : Moûtiers, Aime, Bourg-Saint-Maurice et Bozel, — 55 communes, — 35,039 habitants. — Le gouvernement ecclésiastique de ce diocèse s'étend sur une partie de l'arrondissement d'Albertville, et compte 85 paroisses, 64,625 habitants.

La Tarentaise est bornée à l'est par la chaîne des Alpes grecques (Petit-Saint-Bernard) qui la séparent de la Val-d'Aoste; au nord, par la Haute-Savoie; au midi par la Maurienne; au couchant par l'arrondissement d'Albertville.

Deux rivières presque parallèles l'arrosent : l'Isère, dont la source est au mont Iseran; son parcours en Tarentaise est de 72 kilomètres; elle reçoit 25 ruisseaux; — le Doron, qui affecte la forme torrentielle. Il a deux branches, se réunissant en un seul Doron au Villard-de-Pralognan : l'une qui prend sa source à la Vanoise, aux confins de Termignon en Maurienne, l'autre aux glaciers de Champagny. Il arrose la vallée de Bozel, et, après une traversée de 26 kilomètres, dans laquelle elle reçoit 8 ruisseaux, il vient se jeter à l'Isère au-dessous de Moûtiers.

3

Ces deux rivières, assez rapides, sont très-poisson-
neuses, et donnent aux pêcheurs d'excellentes truites.
L'Isère, flottable à bûches perdues jusqu'à Moûtiers,
devient flottable avec radeaux depuis Aigueblanche,
à trois kilomètres de Moûtiers.

La surface de l'arrondissement est d'environ 69,825
hectares, dont six vingtièmes sont cultivables, et le
surplus est occupé par les rochers, les glaciers, les
torrents, les chemins, les pâturages et les forêts.

« La Tarentaise, dit Mortillet, est la province de
Savoie où il y a le plus d'instruction. On ne rencontre
pas une commune qui n'ait une ou plusieurs écoles
mixtes, ou de filles ou de garçons séparés. La plupart
sont entretenues par des revenus provenant d'anciennes fondations. Un grand nombre aussi de petites
écoles, dites de quartiers, ont été fondées par des
souscriptions particulières. Tous les habitants savent
lire et écrire ; les exceptions sont rares. »

La première course que doit entreprendre le touriste arrivé à Moûtiers est l'ascension du mont Jovet,
facile même pour les femmes. On peut la faire à dos
de mulet. Située entre les deux vallées du Doron et
de l'Isère, cette magnifique montagne, aux formes
arrondies, offre de son point culminant un des plus
beaux panoramas circulaires que l'on puisse trouver
dans toutes les Alpes françaises (*Club Alpin*, 1875).
Cinq heures suffisent pour gagner le sommet du Jovet
ou Jouvet, qu'il est préférable d'aborder en prenant
le chemin par les deux petits hameaux de Montfort
et d'Hauteville, pour redescendre, en trois heures et

demie à quatre heures, soit à Aime, soit à Bozel. Ce chemin, le plus court, a l'avantage de faire la montée à l'ombre ; le panorama est au nord de l'étincelant massif.

# CHAPITRE VI.

## Routes de la Tarentaise.

Le sous-préfet Despine classe ainsi les diverses routes de la Tarentaise :

La route nationale de Grenoble à Aoste traverse la vallée centrale depuis les confins de l'arrondissement d'Albertville jusqu'au col du Petit-Saint-Bernard, frontière d'Italie ; elle mesure 69 kilomètres et demi, dont 12,000 mètres de la limite de l'arrondissement entre la Roche-Cevins et Feissons-sous-Briançon à Moûtiers, 14,000 mètres de Moûtiers à Aime, 13,000 mètres d'Aime à Bourg-Saint-Maurice, 3,000 mètres de Bourg à Séez, 27,500 mètres de Séez à la frontière italienne.

La route départementale de la Vanoise, entre Moûtiers et Pralognan, parcourt les vallées de Brides, de Bozel et de Pralognan, en s'élevant au-dessus du Doron, dont elle suit à peu près la pente. Elle mesure 42 kilomètres, dont 5,100 mètres de Moûtiers à Brides, 6,900 mètres de Brides à Bozel, 13,500 mètres de

Pralognan au col de la Vanoise, lequel touche à l'arrondissement de Saint-Jean-de-Maurienne en débouchant sur Termignon. Ce passage ne se pratique guère que pendant cinq mois de la belle saison.

Cinq chemins de grande communication et seize chemins de moyenne communication la desservent; les premiers ont tous une grande importance; ce sont :

1° Celui du Mont-Iseran, qui relie la haute Tarentaise à la haute Maurienne et au Mont-Cenis; il part de Séez, remonte le cours de l'Isère et va se rattacher aux confins de Bonneval (Maurienne); il mesure 32 kilomètres, et peut être fréquenté pendant sept mois;

2° Celui des Encombres. Il part de Moûtiers, traverse la vallée de Belleville et compte 29 kilomètres jusqu'à la sommité du col des Encombres, où il entre sur le territoire de la Maurienne pour tomber à Saint-Michel. Cette voie peut acquérir de l'importance, au point de vue stratégique, pour relier directement les Hautes-Alpes avec la Haute-Savoie; déjà, sous le premier Empire, des études avaient été dirigées dans ce sens par le ministère de la guerre;

3° Celui de Bourg-St-Maurice à Beaufort, partant de la route nationale à l'entrée de la gorge de Bonneval (Bourg-St-Maurice); il se dirige sur Beaufort par les Chapieux et Roselin. C'est cette même route qu'on suit en partie pour se rendre dans la vallée de Chamonix par le col du Bonhomme, après un parcours de 30 kilomètres, et qui conduit, dans la vallée d'Aoste, aux établissements thermaux de Courmayeur et de

Pré-St-Didier par la vallée des Glaciers, le col de la Seigne et l'Allée-Blanche ;

4° Celui du Cormet. Il relie Aime à Beaufort. Il a un parcours de 12 kilomètres jusqu'à la limite de l'arrondissement d'Albertville, dont dépend la vallée de Beaufort ;

5° Celui de la Madeleine part d'Aigueblanche et se rattache à la Chambre en Maurienne. Il est praticable toute l'année, et mesure 16 kilomètres jusqu'à la limite de l'arrondissement.

## CHAPITRE VII.

### Saint-Marcel. Forteresse. Lesdiguières. Antiquités. Détroit du Saix. Centron. Villette.

**Saint-Marcel** ( 1 h., 426 hab., auberge ). Après avoir traversé Moûtiers dans toute sa longueur, on entre dans une gorge étroite, pittoresque, bordée d'un côté par des vignes, des broussailles, des carrières de pierres à moëllons, de l'autre par l'Isère et d'imposants rochers. La route, après avoir cheminé assez longtemps dans le défilé, entre dans une plaine où se trouve un pont sur l'Isère. Laissant à droite le hameau de la Plombière, on arrive au village de Saint-Marcel, adossé au roc Pupim et dominé par les ruines de l'ancien château-fort de Saint-Jacques ou Saint-Jacquême.

Ayant fondé la ville de Moûtiers, saint Jacques songea à bâtir une forteresse assez rapprochée de son siége épiscopal pour s'y abriter contre les entreprises de ses ennemis et mettre en sûreté les vases sacrés, les reliques des saints, les chartres et le trésor de son église naissante. Il édifia cette forteresse sur le roc Pupim, aujourd'hui Saint-Jacquême.

Au mois de janvier 1387, l'archevêque Rodolphe de Chissé fut assassiné dans cette forteresse avec ses chanoines et tous ses domestiques. La voix publique imputa ce crime à deux membres de la famille de Montmayeur, de Briançon, auxquels on attribuait la pensée de tirer vengeance d'une excommunication prononcée contre eux par l'archevêque, à raison de certains scandales qu'ils avaient commis. Mais il fut impossible de trouver aucune preuve contre les accusés.

Lors des guerres du XVI<sup>e</sup> siècle, le château de Saint-Jacquême fut pris plusieurs fois. Une garnison française y séjourna tant que dura l'occupation de la Savoie par la France. Lesdiguières le canonna et s'en empara ; de cette époque date sa ruine. Une pièce de petit calibre, échappée aux mains des artilleurs français, tombant dans le gouffre de l'Isère, laisse voir sa bouche béante lors des basses eaux.

L'église de Saint-Jacquême est la première qui ait été bâtie en Tarentaise, vers l'an 426. Le bréviaire mentionne un fait approprié aux mœurs d'un peuple encore livré aux superstitions païennes : pendant la construction de l'église un ours s'élança sur un couple de bœufs qui charriaient les matériaux destinés à cet édifice, et saisit l'un de ces pacifiques animaux qu'il dévora. Saint Jacques survint aussitôt et ordonna à la bête carnassière de prendre la place du bœuf dévoré. Cette légende a toujours fait partie de l'office ecclésiastique du diocèse. Une main étrangère, sans mission, l'a raturée il y a quatre ans.

De Saint-Jacquême on aperçoit les clochers pointus qui percent les massifs des arbres sous lesquels se cachent les villages de N.-D.-du-Pré, où les comtes de Villette exploitaient jadis une mine de fer spathique ; de Montgirod, dont l'église renferme de jolis détails appartenant à l'architecture ogivale fleurie ; de Saint-Marcel, dont l'église possède un bénitier très-ancien et très-curieux. La silhouette dentelée de l'église de Saint-Marcel se détache du ciel bleu, et se mire brillante de lumière dans un petit lac où abondent les tanches et les écrevisses. Au delà de l'Isère sur le ruisseau des Nantieux, sourdent des eaux minérales acidules qui, contenant de la magnésie et quelque peu de carbone de chaux, sont essentiellement purgatives.

A droite de l'Isère, sur l'ancienne route, existe une grotte produite par les sédiments que déposent les eaux qui suintent de la montagne. Les dépôts ont formé là une quantité d'ornements imitant des pendentifs, culs-de-lampe, colonnettes, etc. Une statue de la Vierge, placée dans ce sanctuaire, fait l'objet de la

dévotion de chaque voyageur. Une cascatelle, divisée
en plusieurs branches, ajoute à la grâce de la perspective.

En sortant de Saint-Marcel, on entre dans le bassin
des Plaines, qui, en s'étranglant de nouveau, ferme
le détroit du *Saix*, nom emprunté à un énorme rocher,
*saxum*, ainsi désigné dans les anciens cadastres de la
commune de Montgirod. L'Isère court rapide entre
les escarpements abruptes, vertigineux de ce gigantesque rocher. La voie romaine longeait le lit de
l'Isère. Victor-Amédée III fit ouvrir ou réparer la route
qui contourne ces abîmes ; le millésime 1766, ins-
crit sur la pierre, le constate. Les restes d'une redoute élevée pendant la guerre de la Révolution, et
occupée par le général Dessaix en 1814, rappellent les
combats que Piémontais et Français s'y livrèrent à
ces diverses époques. L'ancienne route est abandonnée ; un tunnel transporte rapidement le voyageur à

**Centron**, vieille cité de la Kentronie, plaine
célèbre où Annibal rencontra d'héroïques guerriers
qui osèrent lui disputer le passage quand il traversait
les Alpes grecques pour la conquête de Rome. Cette
ville fut engloutie sous un éboulement. On découvre,
sur l'une et l'autre rive de l'Isère, des ruines considérables enfouies sous un amas de sable et de gra-
vier, à vingt pieds d'épaisseur. Aujourd'hui ce n'est
plus qu'un petit village.

De l'autre côté du mont d'Agot, en entre à *Villette*
(1 h. 20 min.), remarquable par son marbre lie-de-vin

avec noyaux blancs ; on le compare au porphyre, et on le désigne sous le nom de *Brêche de Tarentaise*. Les localités environnantes produisent également un marbre renommé, surtout le *Cipolin de Longefoy*, qui présente, sur un fond bleu, des veines serpentineuses d'un vert foncé ; celui du détroit du Saix est un gris-perlé veiné de bleu.

**Villette** (1 h. 25 min., 369 hab.) était une seigneurie des archevêques de Moûtiers, inféodée par eux en 1269 aux seigneurs de Villette, famille illustre, dans laquelle se fondit en 1180 la famille non moins illustre de Chevron. Le vieux château seigneurial, remplacé par la maison des Missionnaires de Sainte-Anne, s'élevait sur un rocher qui domine le village ; la chapelle seule a été conservée. Primitivement c'était une forteresse qui, sous les Kentrons et les Romains, défendait la vallée. Le nom de l'abbé Martinet, un des fondateurs des Missions diocésaines, ne périra pas.

A l'angle méridional de l'ancienne mairie, en face de l'église, on voit un sarcophage dans le mur, avec deux bustes et une inscription, de la famille Macria, portant les mots :

> *Aux dieux mânes de Lucius Exermus, fils de Macria Rusticus, né à Brigas (colline des Châtelards d'Aime), mort à l'âge de 16 ans, étudiant dans la vallée pennine (Martigny en Vallais), et dont les cendres ont été transportées à Villette par sa mère Nigria Macria, qui, de son vivant, a élevé ce monument pour son fils très-chéri et pour elle-même.*

A un demi-kilomètre de l'établissement de Sainte-Anne, on traverse le nant de la Tour, monument disparu ; on jette un coup d'œil à la jolie cascade de Charvaz. Sur les rives de l'Isère s'élèvent des rochers d'une prodigieuse hauteur, inclinant sur le fleuve : l'un s'appelle le *Saut de la Pucelle,* ainsi nommé du saut que fit une jeune fille pour se soustraire aux poursuites de son seigneur, auquel elle refusait opiniâtrement de se livrer ; haletante et désespérée, ayant sous ses pas son impitoyable persécuteur qui allait la saisir, et préférant la mort au déshonneur, elle s'élance dans l'abîme et tombe sans blessure sur la berge opposée.

Nous longeons la base des collines où s'assied le village de Tessens, ayant visité la carrière d'ardoises et les vestiges de fortifications qui l'avoisinent.

# CHAPITRE VIII.

### Aime. Monuments. Inscriptions. Col du Cormet. Henri IV. Val d'Aime. Corbeau de Mont-Valezan.

**Aime** (45 min., 1,057 hab., hauteur 725 m.; hôtels Meiller, Ligeon); sous les Romains, *Forum Claudii;* au moyen âge, *Axuma;* en 1793, *Les Antiquités.* Aime est la ville la plus riche en antiquités : c'est un

véritable musée archéologique. On y a trouvé de
précieux débris d'anciens monuments et de pierres
épigraphiques, tronçons de voies romaines, vastes
canaux souterrains à la maison Benoît, vœu à Mer-
cure dans le jardin de la maison Bérard, au Poinsot,
au château de la Frasse du Maney, au villard de la
Côte-d'Aime; ex-voto aux déesses Mères à la chapelle
de Saint-Sigismond, etc.

La plus remarquable de ces inscriptions rappelle
en très-bons vers un vœu du proconsul Pomponius
Victor. Très-ennuyé sans doute de sa résidence au
sein des Alpes, il s'adresse à Sylvain et implore sa
protection pour être rappelé à Rome et dans les plaines de l'Italie. Nous en donnons la traduction :

*Dieu des forêts, qui es à demi-clos dans un frêne,
et qui es le souverain protecteur de ce petit pays
élevé, pendant que je suis le dispensateur de la
justice et que j'exerce les droits des Césars,
nous voyageons dans les vallées et au milieu des
habitants de la montagne des Alpes ; conduits
par ta lumière bienfaitrice, tu hâteras par ta
faveur de nous garantir de tout danger. Tu ne
nous abandonneras pas et tu nous conduiras à
Rome, moi et les personnes de ma suite. Fais
aussi que, sous les auspices, nous puissions
revoir les campagnes d'Italie. Je dédie dès à
présent mille grands arbres.*

Parmi les inscriptions, on remarque aussi celle du
proconsul Mallius, celle élevée par les Centrons,
ainsi conçue :

*A l'empereur César Trajan, fils d'Ulpius, adopté*
*par le divin Nerva, Germain et Dacique, souve-*
*rain pontife, pour la deuxième fois tribun, en la*
*sixième année de son empire et la cinquième de*
*son consulat. Au père de la patrie.*

En dehors de la ville, en descendant vers l'Isère,
se trouve une construction que quelques personnes
disent être un temple de Diane, mais qui est simple-
ment une église vouée à saint Martin, construite avec
des débris romains. On y voit de nombreuses pierres
portant des inscriptions et des moulures; c'est un
des plus anciens monuments chrétiens de l'antique
diocèse de Tarentaise. Jadis prieuré, l'église Saint-
Martin date de 1032, est ornée de peintures qui accu-
sent le XII° siècle, style romano-byzantin et montre
une abside crénelée très-remarquable. Des fouilles
opérées en 1876 ont amené la découverte de nouvelles
inscriptions romaines, de plusieurs tombeaux du
moyen âge renfermant des squelettes noyés dans la
terre glaise que l'on y avait coulée liquide lors de
l'inhumation du cadavre.

L'église actuelle d'Aime a été construite par saint
Jacques, apôtre de la Tarentaise. A deux pas de cette
vénérable basilique se trouve un ancien donjon qui dé-
pendait d'un château de Montmayeur. Il paraît prouvé
que la cité romaine disparut au V° siècle par le fait
des inondations de l'Isère et des torrents qui sillon-
nèrent la vallée. Au sommet d'une colline rocheuse
s'élève la chapelle de Saint-Sigismond. Là, des croix,

des ex-voto rappellent la piété que manifestèrent les habitants lorsque le choléra sévissait contre eux en 1854 (1).

A gauche de la ville aboutit le chemin muletier qui conduit, en huit heures, à Beaufort par Tessens, Granier, le Cormet et Arêches. Sur la rive gauche de l'Isère s'ouvre le chemin qui se dirige sur Bozel, à travers le mont Jovet, les cols des Etroits, la petite Forclaz, les jolis villages de Bonnegarde, Màcot et Sangot. Le *Cormet* (altitude 1,900 mètres) est resté célèbre par la station qu'y fit Henri IV à la tête d'un escadron de soldats. On lit dans le registre ecclésiastique de la commune de Beaufort la note suivante :

« Le 11 octobre 1600, Henri IV, en grande compagnie de princes et autres gens de service, vint au Cormet ; il faisait mauvais temps, et il y dîna sans façon, à l'abri d'un rocher, pour se mettre à couvert de la neige, qui s'élevait au dessus de sa tête comme une autre montagne. Le 12, il est parti, conduisant 8,000 personnes, ayant fait force des siennes. »

(1) Aime occupe sans contredit le partie la plus riante et la plus fertile de la Tarentaise ; elle possède une école de filles, une salle d'asile tenue par les Sœurs de Saint-Joseph, et une société de secours mutuels.

# CHAPITRE IX.

Mâcot (mines). Peisey (mines, sanctuaire). Landry. Hauteville. Bellentre. Chanson.

Après trois heures de marche, on arrive, au pied même des cols, à la célèbre mine de *Mâcot* qui fournissait jadis du plomb argentifère. L'exploitation régulière de la mine date de 1807 ; mais deux vastes fosses sembleraient indiquer qu'elle était déjà connue dès la plus haute antiquité. Depuis quelques années, après avoir passé des mains de l'Etat dans celles de l'industrie privée, les travaux ont momentanément cessé. La Société générale de Tarentaise en a fait l'acquisition. Deux grandes galeries, d'une date inconnue, taillées à la pointe, où sont alignées des chambres d'une prodigieuse dimension, prouveraient qu'elles ont été faites pour extraire le minerai que la montagne renferme. Quelques archéologues pensent que ces galeries, ces chambres ont été faites pour servir de retraite aux premiers chrétiens persécutés. On y trouve des débris de poteries, des lances en fer, des haches, etc.

Au mont Saint-Jacques, près du village de Bonnegarde, se voient encore les traces d'un camp d'observation établi par les Espagnols de 1742 à 1749.

Au delà d'Aime, on a quitté les défilés et les rochers; la vallée s'est élargie; on chemine sur une route ombragée, ayant à gauche un coteau où se montrent les derniers vignobles de la Tarentaise. On est attristé par l'étude d'une vaste étendue du sol, qui, compacte et sans crevasse, glisse insensiblement vers le bassin de l'Isère, phénomène qui se montre à Notre-Dame-du-Pré; l'église, qui se voyait à peine depuis la plaine il y a vingt ans, apparaît tout entière aujourd'hui. Il en est de même de Longefoy.

La vallée, d'Aime à Bourg-Saint-Maurice, est couverte de prairies et de céréales. Les villages sont ensevelis sous les arbres fruitiers. Les femmes portent une coiffure ayant une certaine analogie avec la coiffure Marie Stuart. L'anthracite abonde dans toute la vallée, et sa qualité est supérieure à la plupart des mines connues.

En moins d'une heure, et par un pont très-élégant, on arrive à *Bellentre* (762 hab.), le *Bergentrum* des Itinéraires d'Antonin et de Peutinger. Les Bénédictins y avaient un prieuré du nom de Saint-André. Une tour, appartenant aux anciens seigneurs, domine le village; tout auprès était un château habité par la famille des Montmayeur. Sur la même pente s'élève le village de Mont-Valezan-sur-Bellentre, dans l'église duquel (à la sacristie) on remarque un tableau très-curieux, représentant un prêtre assailli par des corbeaux qui veulent lui arracher les yeux. D'après la tradition, le prêtre avait subi cette punition parce qu'il se permettait la chasse le dimanche. A l'est se

disséminent les hameaux de la commune des Chapelles, patrie du cardinal Billiet, archevêque de Chambéry.

De l'autre côté de l'Isère, voici *Landry* (648 hab.),
village qui se trouve au débouché de la vallée de
Peisey, au fond de laquelle on aperçoit le glacier de
Belle-Tête.

Après une heure de marche on arrive au village de
*Peisey* (1,397 hab., 1,537 mèt.), dont l'église et les
chalets offrent un coup d'œil pittoresque. Au sud-est,
à une heure au-dessous des deux magnifiques sanc-
tuaires érigés sous le vocable de Notre-Dame-des-
Sept-Douleurs, dont la fête se célèbre le 16 juillet, et
où accourent des pèlerins de toute la Tarentaise, sont
situés les bâtiments des mines, au fond d'une gorge,
sur la lisière de sapins clair-semés. Les mines furent
découvertes, ou plutôt largement exploitées par une
compagnie anglaise en 1714. Le minerai qu'elles
donnent est un plomb argentifère à grain très-fin.
En 1760, la compagnie, à qui ses bénéfices avaient
suscité bon nombre d'envieux, se vit évincée de ces
mines par un arrêt de la Chambre des comptes de
Turin. Une compagnie savoyarde lui succéda en 1793.
Le possesseur, M. de la Tour-Cordon, ayant émigré,
en fit passer la propriété à l'Etat. Reprise par le Gouvernement sarde après 1815, l'exploitation fut livrée
à une société particulière qui voit ses travaux momentanément suspendus par suite de l'inondation de
la plupart des galeries. Ses produits annuels ont
varié de 120 à 130,000 francs; le minerai est intrin-

sèquement beaucoup plus riche que celui de Mâcot; mais ses filons ont une moins grande puissance.

On voit à la chapelle de Nant-Croix un tableau représentant la *Madeleine repentante,* chef-d'œuvre de l'école italienne, légué par un enfant de la Savoie à son village.

En face de Peisey, la vallée se divise en deux branches, où sont tracés les difficiles sentiers de Bozel, par le hameau du Cher et du Bosse et la Grande-Forclaz, ou par Planterevy et le Val-Gerel; ceux de Tignes, par les Lanches, la Cula et le col de la Turna, ou par la Croix-des-Crêtes et le col de Palet.

L'archéologue n'a rien à voir à Peisey; il n'en est pas de même du botaniste, qui peut y faire d'abondantes moissons. Le paysagiste ne pourra se séparer de cette charmante vallée, ornée du joli glacier de la Tête; car elle dispute avantageusement à ses émules les plus courues des hautes montagnes de la Suisse le pittoresque, le gracieux, l'imposant; tout s'y trouve réuni, et la vallée de Peisey peut à elle seule remplir un album.

De Peisey on redescend à Landry, et, côtoyant la rive gauche de l'Isère, on traverse les hameaux de *Hauteville* (850 hab.), grand et petit Gondon et Mont-Veny. Çà et là, à la croisée des chemins, à l'entrée des Combes, sur les cols, on trouve des *moés, lechs* ou *murgers* remontant à l'âge celtique, et rappelant soit quelque événement sinistre, soit quelque cérémonie druidique, espèces de termes sacrés; ils servent généralement de délimitations entre les communes. De ces monuments mégalithiques, les plus remarquables sont : Plain-Villard sur Moûtiers, la Pierre-qui-Vire sur le col du Palet, et un menhir entre Hauteville et Villaroger.

A partir de *Bellentre*, le langage a une inflexion prosodique qui diffère essentiellement de celui de la basse Tarentaise ; il cesse d'être guttural pour devenir labial ; il flatte davantage l'oreille. Nous citons un exemple de cette douce harmonie :

### LES CHANTRES DE BELLENTRE.

*Cei tou salâ, pouro Gaspar,*
*Tei torneiriâ pâ santâ :*
*Kei voucho allaï lei babilliei,*
*Kan tou nei sâ ni á, ni bé ;*
*Va-t-eine derrirei lo ban*
*Avoué Maïon dei Capeillan.*

Si tu savais, pauvre Gaspard,
Tu ne retournerais plus chanter :
Que veux-tu aller là babiller,
Quand tu ne sais ni a, ni b ;
Va plus haut derrière le banc
Avec Marie de Capellan.

*Lo zor dei Noutra-Dama-d'Ou,*
*Lâche lou chantrei dei repou ;*
*Kan lou seine tei vélon*
*(Brousameine ki sone dessé),*
*Sei dion : Allei ne zeine zappé*
*Peidein kei Gaspar vâ zantâ.*

Le jour de Notre-Dame-d'Août,
Laisse les chantres de repos;
Quand les chiens te voient entrer
(Heureusement qu'ils n'ont pas de sabots),
Ils se disent : Allons japper
Pendant que Gaspard va chanter.

————————

# CHAPITRE X.

Bourg-Saint-Maurice. Antiquités. Inondations. Monuments. Versoye.
Bonneval. Eaux thermales. Chapieu. Col du Bonhomme. Seigne.
Allée - Blanche. Courmayeur.

**Bourg-Saint-Maurice** (1 h. 40 min., 2,522
hab., hauteur 851 mèt. ; hôtels : des Voyageurs, de
Sansoz et plusieurs autres). On n'aperçoit l'église que
lorsqu'on est à quelques pas de la ville, et, pour voir
les premières maisons, il faut être déjà devant
l'église. La ville forme une longue rue, garnie des
deux côtés d'auberges et de cafés. Il s'y fait un grand
commerce en miel, fromages, cuirs, pelleteries, mulets, poulains, génisses, chèvres et moutons. On y
voit fonctionner plusieurs martinets, moulins, battoirs
et scieries.
Ce village fut brûlé totalement pendant les guerres
de la Révolution. Repoussés du Saint-Bernard, les

Français s'y retranchèrent ; mais ne pouvant s'y maintenir, ils battirent en retraite sur le détroit du Saix
où ils établirent des redoutes, essayant d'arrêter les
Piémontais. On voit dans ce bourg quelques débris
de fortifications du moyen âge : le château sur la
colline, la tour près de l'Isère. Les deux portes d'entrée et les remparts ont disparu depuis longtemps.
De l'ancienne église on n'a conservé que le clocher,
qui s'élève isolé à côté de l'église moderne. Celle-ci
est à fronton et à péristyle ; l'autre, qui appartenait
primitivement au couvent des Religieuses de Sainte-
Claire, fut affectée au service de la paroisse à la suite
de l'événement que voici :

En 1630 et 1636, les torrents Arbonne, du Nantet
et de la Bourgeat ravagèrent la vallée et engloutirent
la partie du bourg où se trouvait l'église paroissiale.
Il y eut tant de graviers et de décombres amoncelés,
que l'église fut recouverte de telle manière qu'on ne
voyait plus le sommet du clocher. Chaque année, le
22 septembre, jour de la fête patronale, toute la population se rend en procession solennelle vers une
vieille croix de bois plantée sur l'amas de graviers,
entre Arbonne et le bourg. D'après la tradition,
corroborée d'ailleurs par les procès-verbaux des syn-
dics relatant cet événement, on érigea cette croix au
lieu même où se trouvait l'église.

On compte dans l'église actuelle trois autels en
marbre, deux en bois peint et sculpté, parmi lesquels
on remarque à juste titre le maître-autel, élevé en
l'honneur de S. Maurice, patron de la paroisse ; elle

est d'une belle architecture, de l'ordre toscan ; mais elle est si dénudée qu'elle n'inspire aucune piété, et la chaire est en opposition directe avec les premiers éléments d'acoustique.

Les Sœurs de Saint-Joseph ont un établissement pour l'instruction des filles et une belle salle d'asile. Des terres plantées de hauts peupliers, de mûriers, d'arbres de toute espèce embellissent cette petite ville, qui n'est plus aujourd'hui qu'un reste de son antique splendeur. Son enceinte a été considérablement réduite ; elle n'est remarquable que par son commerce, qui égale, s'il ne les surpasse pas, les plus brillants de la Savoie.

Dans la combe d'Arbonne existent les ruines d'un établissement où on exploitait autrefois les eaux d'une source jaillissant au pied d'un énorme rocher salifère. Après l'enfouissement des sources de Salins, les princes de Savoie songèrent au rocher d'Arbonne, et l'on obtint en effet un sel pur et assez abondant pour les besoins du pays. Mais l'épuisement des forêts, les éboulements, la ruine de l'usine emportée par les eaux, l'engorgement et la rupture des conduits, les frais considérables qu'occasionnait la fabrication du sel dans cette localité, firent abandonner cette exploitation vers le milieu du XV° siècle. Depuis cette époque elle fut reprise pourtant par deux fois, mais sans succès, par deux compagnies allemandes (1733, 1736). Ces accidents s'étaient déjà produits vers l'an 160, comme le constate une inscription romaine qui était encastrée dans le mur de l'église des Clarisses, détruite il y a vingt ou vingt-cinq ans. Une autre inscription porte une dédicace à Hercule.

La tour qui est près de l'Isère fournit aussi les preuves de l'exhaussement du terrain. La porte d'entrée est maintenant enfoncée à une dizaine de pieds de profondeur. L'antique station de *Bergentrum*, maintes fois ravagée par les inondations, ainsi que le constate une inscription légendaire rappelant que l'empereur Lucius Varus avait établi plusieurs digues pour maintenir les torrents dans leurs lits, disparut aussi au V° siècle sous un amas de matériaux charriés par les mêmes torrents. Le 14 septembre 1733, une nouvelle et subite irruption de l'Arbonne détruisit les salines de Saint-Maurice. La crue de l'Isère emporta tous les ponts de bois depuis Hauteville jusqu'à Grenoble.

Le bourg n'offre rien de curieux pour l'archéologue; mais le minéralogiste et le botaniste peuvent avec intérêt parcourir ses montagnes. On trouve dans les gorges d'Arbonne des filons de cuivre argentifère, de plomb, d'anthracite, de fer oologiste et spathique, d'or même, des terres réfractaires, de la magnésie, de la tourbe alumineuse, des carbonates et des sulfates de chaux d'une beauté remarquable. La source minérale des Mollets, au pied de la Seigne, est alcaline et gazeuse.

A une demi-heure, dans le coude rentrant que décrit la vallée de l'Isère, la Versoye débouche, tortueuse et sauvage, de la gorge de Bonneval. Elle est alimentée par les neiges et les glaciers du Bonhomme et de la Seigne qui relient le petit Saint-Bernard au Mont-Blanc. Le gros donjon du Châtelard et les deux tours moins importantes de Savoiroux et de Roche-fort défendent l'entrée de la gorge. Au pied de ces fortifications, datant du IV° siècle, on a exhumé des médailles de Sévère et de Claude Néron.

Les voyageurs qui, de cette partie de la vallée, veulent se diriger dans la vallée de l'Arve, dans le haut Faucigny, fréquentent ce chemin. Après une heure de marche, on arrive, à la jonction du nant des Chapieux et de la Versoye, au pont de *Bonneval*, dans un endroit où l'on a découvert dernièrement deux sources minérales : l'une froide, l'autre chaude. Ces eaux ont une odeur très-prononcée d'œufs punais; on les emploie contre les maladies de la peau et les douleurs rhumatismales.

« *Les eaux de Bonneval*
« *Firent toujours de bien, jamais de mal.* »

Par un fait encore inexpliqué, la source froide s'est tarie en 1871.

Le hameau des *Chapieux*, situé dans une combe plus élevée que la précédente, dépend de la commune de Bourg-St-Maurice; pour y arriver, il faut longer des rochers schisteux, dénudés, rabougris, dont chaque crevasse, chaque fissure, remplie d'une neige qui persiste parfois toute l'année, donne naissance à autant de ruisseaux fangeux. Stérilité complète, vue bornée, aspect sinistre. A l'extrémité de la traversée est un oratoire dédié à S. Jacques, et quelques cha-

lets servent de bureau et de logement soit au rece-
veur de la commune, soit aux dix hommes composant
la brigade de gendarmerie de Bourg-Saint-Maurice
jusqu'aux premières neiges. Les Chapieux sont sur
la zone du pays *franc*. Il s'y tient, sur la fin de la
saison d'automne, une grande foire à moutons.

Des Chapieux on se rend, à l'ouest, dans la vallée
de Beaufort, dans les chalets de la Frange et le Cormet de Roselin; dans la vallée de N.-D.-de-la-Gorge
(nord), par le chalet de la Raya et le col du Bonhomme;
à l'est, par le col de la Seigne, à l'Allée-Blanche et à
Courmayeur. Le sentier conduit aux chalets de l'Oratoire, et, du Mottet, où l'on trouve un semblant d'hôtel,
on arrive bientôt aux cols de la Seigne, des Fours,
sur le sommet de Cramont, ouvert entre le petit
Mont-Blanc et le petit Saint-Bernard. Sur la face
occidentale, on lit : *France;* sur la face orientale,
*Italie*. La vue du Mont-Blanc est infiniment plus
belle, plus imposante que du côté de Chamonix, où
les glaciers ont moins d'inclinaison, et où les montagnes, qui s'appuient à la base du massif, en dérobent le sommet, tandis que, du côté du Piémont, le
massif s'enfonce verticalement, sans solution de con-
tinuité, dans les profondeurs de l'Allée-Blanche.

La Vallée-Blanche et la vallée de Veny, creusées
au pied de ces nombreux glaciers où prend naissance
la Doria-Riparia, offrent jusqu'à Courmayeur une
désolation sans exemple. Dans ces parages éloignés
on trouve des bouquetins, animaux qui ont déserté
les autres parties des Alpes.

# CHAPITRE XI.

## Alpes grecques. Petit Saint-Bernard. Mutation. Monuments. Jupiter. Mont-Valezan. Belvédère. La Thuile.

**Séez** (45 min., 1,367 hab., hauteur 900 mèt., auberges). En sortant de Bourg, on aperçoit au fond de la plaine le joli village de Séez, *Sextum,* ainsi nommé parce qu'il se trouve entre six montagnes. On traverse le pont jeté sur la Versoye, celui de la Recluse qui dévale avec fracas du petit Saint-Bernard et forme en cet endroit une chute magnifique. Ce village possède une église romane d'un très-beau caractère. Au mur extérieur est encastrée une pierre tumulaire représentant un guerrier dont les pieds et la tête reposent sur des lions. Son nom est Raimond de Beaufort. Ce monument a été élevé en 1315 par Jacques, son fils, ancien seigneur de la Val-d'Isère, dont le château est occupé par le bureau de la douane.

Lors des guerres du Piémont avec la France, les parties belligérantes se disputèrent toujours vivement la possession de cette localité. En 1730, le prince Thomas de Savoie, qui avait évacué le fort de Briançon et toutes les possessions intermédiaires, établit à Séez de fortes barricades. Poursuivi par l'ennemi, il se hâta de se réfugier en Piémont.

L'ancien chemin de Saint-Bernard, dont la montée commence à Séez, n'était autre que la voie prétorienne des Romains, pavée en certains endroits de larges pierres plates. Il passait alternativement de l'une à l'autre rive de la Recluse. Il fut fréquenté jusqu'au moment où, raviné, détruit en partie, les princes de Savoie firent tracer un autre chemin sur la rive gauche. Depuis l'annexion, ce chemin a été abandonné en faveur d'une nouvelle route doucement ménagée. Un service de voitures publiques permet de traverser la montagne avec toute la facilité désirable.

Suivant la voie romaine, arrivé à Villard-Dessous, on traverse la profonde Recluse sur un pont de bois très-élevé. Les pentes ont fait place à un joli plateau tout verdoyant, animé par les chalets de St-Germain, qui occupent l'emplacement d'une station romaine, *Alpes graïæ*, suivant la Table de Peutinger. Son nom actuel lui vient de saint Germain, évêque d'Auxerre. Ce prélat s'y arrêta lors d'un voyage qu'il fit en Italie en 448. De l'autre côté du torrent, à l'endroit de la vallée d'où il sort, apparaissent des masses informes de gypses blanchâtres. De Luc, Schaubb, etc., ont reconnu la Roche-Blanche dont parle Polybe, et auprès de laquelle Annibal se posta pour protéger sa cavalerie et ses bêtes de somme pendant qu'elles montaient au point culminant du passage.

Au delà du village et du bois Carré, les sapins deviennent plus rares au fur et à mesure que l'on monte, puis disparaissent tout à fait. La nature revêt une sombre physionomie ; on entre dans une combe appelée le *Creux des morts*, à cause des nombreux accidents survenus en ce lieu à des voyageurs. Des croix, plantées sur la place où gisent les victimes des éboulements, des avalanches et des torrents furieux, donnent à cette combe l'aspect d'un vaste cimetière.

Après avoir franchi la branche de la Recluse qui descend du mont Rossa, non loin d'un pont fortifié autrefois par les Sardes, on rejoint la nouvelle route à l'entrée d'une combe supérieure, où l'on trouve d'abord un modeste autel, puis l'*hospice du Saint-Bernard* (2,206 mètres). On compte quatre heures pour arriver jusque-là, en suivant tantôt des tronçons de la voie romaine, tantôt les coursières qui en abrègent les contours; par la nouvelle route il faut le double de temps.

Le col du petit Saint-Bernard, ouvert entre le Mont-Valezan et le mont de Lance-Branlette ou Lenta de la Rossa, est le passage le plus facile. Nul doute que les Gaulois ne l'aient pratiqué lors de leurs fréquentes expéditions en Italie : ce serait par là que l'hercule grec, venant de l'orient en occident, aurait franchi la chaîne des Alpes. On y montre un endroit, connu sous le nom de *Cirque d'Annibal*. Les Romains créèrent sur ce col une *mutatio* ou *hospitium*; soldats et voyageurs y trouvaient un abri et des provisions. On parle même d'un *fanum* et d'une *columna* érigés l'un et l'autre, en l'honneur de Jupiter, sur les débris d'un cromlech gaulois. Plus tard, les Sarrasins auraient installé là un campement; enfin, sur toutes ces ruines accumulées, saint Bernard de Menthon établit cet hospice au X⁰ siècle. En mémoire de ce fait si important, le nom de Saint-Bernard, *Mons sancti Bernardi minor,* se substitua à ceux d'*Alpes Græcorum,* de *Saltus Graius,* de *Mons Herculi* et de *Columna Jovis.*

Cette maison religieuse fut longtemps desservie par les disciples de saint Bernard. En 1742 elle fut incorporée à l'ordre militaire et religieux des SS. Maurice et Lazare, qui l'entretint à ses frais, et y donne annuellement abri et nourriture à près de 10,000 voyageurs. Les pauvres y sont reçus gratuitement ; quant aux riches, depuis 1860 un hôtel voisin pourvoit à leurs besoins. La frontière italienne englobe aussi l'hospice, que la République et le premier Empire avaient laissé à la France. On y élève une certaine quantité de chiens dressés à chercher les voyageurs surpris par la tempête.

Pris et repris pendant les guerres de la Révolution, tantôt par les Français, tantôt par les Sardes, l'hospice servait de caserne et de magasin. Plus tard, en 1801, le premier consul Bonaparte le fit réparer pour y loger une brigade de gendarmerie. La nouvelle frontière se trouve un peu en deçà de l'hôtel et de l'hospice, qui, par conséquent, appartiennent au royaume italien.

A quelque distance de l'hospice gisent les ruines gauloises, carthaginoises, romaines, sarrasines que nous avons mentionnées plus haut. Les plus intéressantes dépendaient du cromlech : c'est un cercle de 225 mètres de circonférence, formé de pierres séparées entre elles. Autrefois, ces pierres longues et minces étaient plantées dans le sol ; maintenant elles sont renversées pour la plupart ; c'est ce qu'on appelle le *Cirque d'Annibal*. La route actuelle le traverse dans tout son diamètre.

La *colonne de Jupiter* était d'un marbre cipolin veiné en zigzag ; elle avait pour piédestal un gros bloc de granit quartzeux et micacé. Tous les historiens, chroniqueurs, disent qu'une escarboucle enchâssée dans le chapiteau de la colonne figurait l'œil de Jupiter Pennin, *Deus Penninus, optimus, maximus*. Beaucoup de débris de tuiles et de poteries romaines sont épars çà et là sous le gazon qui pousse dans ses compartiments encore visibles, ménagés entre deux murailles évasées. La colonne actuelle, en simple granit, tel qu'en fournissent les roches voisines, mesure quinze pieds environ de hauteur et un pied et demi de diamètre ; une petite croix de fer surmonte le sommet.

**Mont-Valezan** et **Belvédère.** Si l'on veut jouir d'un panorama magnifique, il faut faire l'ascension du Mont-Valezan, qui domine au sud-est la vallée du petit Saint-Bernard ( 1 heure de marche ). On voit sur un escarpement de cette montagne une redoute construite par ordre du roi de Sardaigne en 1791, et prise d'assaut par les Français en 1793. C'est probablement la fortification la plus élevée des Alpes. Du sommet du mont ( 3,332 mèt. ) on voit en face, du côté du nord, le revers du Mont-Blanc, côté oriental.

Il s'élève majestueusement au milieu des aiguilles du col de la Seigne, du Glacier, du Mont-Rouge, du Faret et enfin du Cramont, qui forme le devant de ce magnifique tableau. Vers le sud, l'œil plonge sur toute la partie de la vallée de l'Isère comprise depuis le Mont-Iseran jusqu'aux environs de Moûtiers ; il plane aussi sur la chaîne de montagnes qui sépare cette vallée de celle de Beaufort. Dans le lointain on aperçoit la Vanoise couverte de neige, ayant à sa gauche le Mont-Iseran et à sa droite la masse énorme de rochers qui séparent la Doria de l'Isère.

Depuis le *Belvédère,* autre cime qui domine le vallon de l'hospice, et dont la montée (1 h. 45 min.) est plus pénible, on jouit d'une vue analogue, plus belle encore, parce qu'on aperçoit une étendue considérable de glaciers, parmi lesquels on distingue celui du Belvédère, qui fait partie de celui de Ruitors, celui du Mont et enfin celui de la Madeleine, qui est tout à fait à l'est.

**La Thuile** (2 h. 15 min., 792 habitants, auberge) dépend du duché d'Aoste. Après une heure de descente, on arrive à *Pré-Saint-Didier,* où il existe des bains d'eau minérale ; on entre ensuite dans la vallée de la Doire, et l'on arrive à *Aoste* (6 h. 40 min., 6,000 hab.).

# CHAPITRE XII.

Sainte-Foy. Col du Mont. Col du Clou. Col de Tacqui. Lac. Bec-Rouge. Val Grisanche. La Gurraz. Mont-Pourry ou Thuria. Chanson.

**Sainte-Foy** ( 2 h. 50 min. de Séez, 1,147 hab., hauteur 978 m. ; hôtel principal : Chenal ). Au delà de Séez on entre dans le val de Tignes ; d'abord assez large, riant, bien cultivé, le val se rétrécit insensiblement et devient étroit, stérile, sauvage. Le chemin monte par une pente insensible jusqu'au hameau de Longefoy ; ce village, situé sur la hauteur, près d'une forteresse détruite en 1636, était le chef-lieu d'une châtellenie qui avait pour seigneurs les Villette-Chevron. On y récolte un miel très-parfumé, le meilleur de la Tarentaise. On traverse le hameau de Viclaire (45 min.), et l'on aperçoit devant soi deux clochers qui se dressent sur de hauts mamelons : à gauche, celui de Sainte-Foy, au pied duquel on arrive par une route carrossable qui s'élève au-dessus du Champey ; on voit une horrible cataracte tombant du grand Assaly ; à droite, plus haut encore, celui de *Villaroger* (649 hab.). On a devant soi, vers le sud, le *Mont-Pourry* ou *Thuria*, dont nous parlerons plus loin. Tout près, au nord, est une autre cime beaucoup moins haute, l'*Aiguille-Rousse*. Les ingénieurs chargés de dresser la carte de Savoie y ont construit un de leurs signaux.

**Cols de Tacqui, du Lac, du Mont et du Clou.** Depuis Sainte-Foy on peut communiquer avec la province d'Aoste par plusieurs cols. Un seul, celui du *Mont*, est praticable aux mulets pendant deux ou trois mois de l'année ; les autres sont des plus rudes et des plus pénibles. Ces cols sont, en allant du nord au sud :

1° Le col de *Tacqui*. En sortant de Sainte-Foy on se dirige vers les *Mazures*, qu'il faut traverser pour aller aux quatre cols. Au-dessus est le *Bec-Rouge, Molluire* ; on peut mesurer du regard la chute de cette montagne (1877). On monte jusqu'au *Bonnet*, où l'on passe pour aller aux trois premiers cols, puis, prenant à gauche, on arrive à la grange de *Suchère*, et l'on s'engage entre des rochers abruptes qui conduisent au col. Au delà se trouvent de grands glaciers qu'il faut traverser en partie pour descendre sur la Thuile.

2° Le col du *Lac*. Au Bonnet on continue à monter droit devant soi et on arrive au col, près duquel se trouvent un oratoire et un petit lac, puis on redescend dans le val *Grisanche*, qui débouche dans la vallée d'Aoste, à Arvier.

3° Le col du *Mont*. Quand on est au Bonnet, il faut prendre à droite ; c'est le chemin le plus battu. On passe à la grange de *Lai-Derre*, et l'on redescend aussi sur le val Grisanche. Ce col est bien moins pénible que les autres. Il y passe souvent des bêtes de somme et des bestiaux. Il faut six à sept heures pour aller de Sainte-Foy au village de Val-Grisanche.

4° Le col du *Clou,* séparé du précédent par le mont *Ormelune.* Aux Mazures on laisse à gauche le chemin des trois autres cols, et l'on passe au *Planey-Dessus.* C'est un peu après que l'on commence la montée proprement dite; elle est longue et pénible. Comme les deux précédents, ce passage aboutit au val Grisanche.

A Ste-Foy l'espèce humaine est forte et belle. Les femmes affectionnent l'antique coiffure nationale, *la frontière,* enrichie de velours noir, de satin bleu, d'étoffes brochées or et argent. Leurs vêtements se composent invariablement d'étoffes de couleurs voyantes et d'une coupe artistique. Ce costume, s'harmonisant avec la nature, communique au paysage une note gracieuse et riante.

Après Sainte-Foy et le hameau de la Thuile, on pénètre dans une gorge, encaissée d'un côté par le grand Assaly, l'Armelon, la Sassière, qui relient le petit Saint-Bernard et le mont Iseran, de l'autre, par le rocher et l'Aiguille-Rousse, le pic du Sana, l'Ouglia-Molla, la Thuria ou la montagne Pourrie, qui se rattachent au massif de la Vanoise.

A l'opposite et au-dessus de la Thuile, par delà la profonde fissure où gronde l'Isère, le village de la Gurraz surgit sur un étroit plateau, et se détache sur les flancs rembrunis de la Thuria et sur ses sommets neigeux. Son aspect est vraiment extraordinaire; il paraît suspendu entre les glaciers de la Marlin qui le menacent de leurs éboulements, et les cascades, sur lesquelles il semble se pencher pour s'y précipiter.

Pour atteindre ce village, on quitte le chemin au nant du Choux et, par un étroit sentier, on s'engage dans une sombre forêt très-inclinée, coupée par le lit de l'Isère, mais recommençant au delà par une montée non moins rapide. Détruit maintes fois par les avalanches, le village de la Gurraz fut toujours reconstruit sur le même emplacement, à cause de la fertilité du sol. Le pasteur de cette paroisse nous transmet une chanson qui peint fidèlement la topographie de cette localité ; nous en détachons deux strophes.

*Des attraits d'ici-bas à qui fait sacrifice,*
*A qui veut s'exiler, jamais lieu plus propice;*
*Du fond de la vallée, un voyageur surpris,*
*Elevant ses regards, aperçut des logis :*
*« O Dieu, s'écria-t-il, quoi! bâtir des asiles*
*Sur ce rocher affreux, repaire des reptiles,*
*Des renards et des loups! L'Auteur de l'univers*
*N'a pu faire pour l'homme de plus tristes déserts;*
*Il cherche et se fatigue à trouver une issue,*
*Mais il n'en trouve point. Est-ce sur une nue*
*Qu'on parvient sur ce roc, se dit-il tout chagrin? »*
*Enfin, jetant le bras, il poursuit son chemin.*

*Heureuse liberté, que n'es-tu mon domaine!*
*Car moi, d'en faire autant quatre fois la semaine*
*Je me sens fort tenté; mais un diable de mot*
*Qui se dit en latin, ego, moi, promitto,*

*M'enchaine malgré moi sur cette affreuse plage,*
*Où d'épaisses forêts, ou le bruyant tapage*
*D'un glacier qui se rompt et roule avec fracas*
*Dans des creux ténébreux ses éternels frimas,*
*Fatiguent tour à tour mes yeux et mon oreille*
*Pour récréer les ours, musique sans pareille.*

A dix minutes de distance du village, le mont Thuria présente, dit M$^{gr}$ Rendu (*Théorie des glaciers de Savoie*), un escarpement de plus de 600 pieds d'élévation. A cette hauteur la tranche vive du rocher est continuée par la tranche des glaces supérieures, qui paraissent avoir environ cinquante pieds d'épaisseur.

Au delà du hameau de la Thuile, les cultures disparaissent peu à peu et finissent par cesser totalement, faute de terrain arable. Çà et là quelques pruniers sauvages, quelques merisiers, des sapins et des mélèzes, jusque-là clair-semés, se montrent en plus grand nombre, envahissent les pentes, escaladent les rochers et arrivent à constituer l'immense et épaisse forêt qui se prolonge à droite et à gauche sur les montagnes.

Quand on a franchi la chétive habitation de la Raix, on arrive au pont de la Balme, où le regard et l'imagination sont également frappés de la chute horriblement belle de la cascade qui descend du lac Verdit et du lac Noir. L'Ormelon et la Sassière en fournissent la première source. Le lieu est désert; on aperçoit çà et là des croix funèbres, indices de la mort violente de quelques voyageurs. Un bruit assourdissant qui monte de l'Isère et qui descend de la cataracte, envahit l'espace, fait trembler les branches des sapins, ébranle le pont sur lequel on arrive. Le chemin, qui incessamment sera carrossable de Ste-Foy à Tignes et au Mont-Iseran, est en très-bon état pour les voyageurs et les mulets.

**Brévières** (2 h., auberge) est un village dépendant de la commune de Tignes.

---

# CHAPITRE XIII.

Tignes. Chanson. La Sassière. Glacier d'Apparty. Col de la Golette ou de Rhèmes. Vallée-Noire. Val de Tignes. Mont-Iseran. Col de Galésio. Isère. Col de la Leisse. Lac. Glacier de l'Ouglia-Molla. Val de Pesey. Mont-Pourry. Col du Palet. Val de Prémou sur Champagny.

**Tignes** (50 min., 787 hab., hauteur 1,500 mèt.; auberges : Revial, Raimond) est entouré de montagnes dont les cascades bondissent de toutes parts ; nous sommes en face d'immenses prairies, arrosées de belles eaux, animées par des moutons, des chèvres, de nombreux troupeaux de vaches, parsemées de chalets où l'on fabrique d'excellents gruyères. Les habitants sont grands, robustes, laborieux, prévenants, pleins de finesse; les femmes laissent voir des traits admirablement ciselés, cachés sous leurs foulards repliés autour de la tête, se nouant par les deux bouts qui retombent avec grâce entre les épaules. On exporte au loin des fromages de chèvre et de brebis connus sous le nom de *persillés* ou *tignards de Tarentaise*. Les richesses minérales sont des roches de marbre blanc, l'anthracite et les filons argentifères.

La moralité est si sévère, que les naissances illégitimes y sont inconnues. Les registres de l'état civil et ecclésiastique le constatent.

Le langage, plein de mélodie, reflète des accents si doux, si harmonieux, que le poëte de Florence ne les désavouerait pas.

### LES ADIEUX AU VILLAGE.

*Zou vicou iki tranquilla,*
*Zavô ma mârei ounco,*
*Z'amàvo! e, dotchilla,*
*Totai zou l'atteindô;*
*Meï la teirra dei Franci*
*Mei l'a pâ pouï tornâ...*
*Zou si seinsa espereinsa.....*
*Ma mârei m'a quittâ.*

Je vivais ici tranquille,
J'avais encore ma mère,
J'aimais ! et, docile,
Toujours je l'attendais ;
Mais la terre de France
Ne me l'a pas rendue.....
Je suis sans espérance.....
Ma mère m'a quittée.

*Adiou, moun bel villadzo !*
*Adiou, éroon sézor !*
*Zou plooro moun domadzo,*
*Mei le verrei oun zor.*
*Meï la teirra dei Franci, etc.*

Adieu, mon village !
Adieu, heureux séjour !
Je pleure mon malheur
Mais je le verrai un jour.
Mais la terre de France, etc.

*Adiou, valloun kei z'âmo !*
*Adiou, agni kei zéi gardâ !*
*Zou plooro moun domadzo !*
*Moun cour ne vo kitteit pâ !*
*Meï la teirra dei Franci, etc.*

Adieu, vallons que j'aime !
Agneaux que j'ai mené paître !
Je pleure mon malheur !
Mon cœur ne vous quitte pas !
Mais la terre de France, etc.

Au sortir de Tignes, se dirigeant à l'est, traversant les granges des *Archets,* on franchit plusieurs torrents, on prend un sentier qui domine à une grande hauteur le fond de la vallée, et on atteint le col de la *Golette* ou de *Rhêmes*. Au nord s'élève l'aiguille ou roche de *Sassière* (3,763 mèt.). Au sud s'étendent les glaciers d'Apparty; de là, on descend la vallée Noire d'Aoste. De la cime de la Sassière, on découvre au nord le Mont-Blanc, la chaîne entière des Jorasses, le Combin, la dent d'Hérens, le Cervin, le Mont-Rose, le val Grisanche, etc. A l'est, le Grand-Paradis, la Grivola, une chaîne de montagnes grisâtres que l'on croit être les Apennins; au sud, le Mont-Viso. Au sud-ouest, on reconnaît le col de Leisse, les glaciers et l'aiguille de la Grande-Motte, la Grande-Casse, les glaciers de la Vanoise, l'Aiguille-Noire, les Alpes du Dauphiné, le grand perron des Encombres, le Mont-Pourry.

**Val-de-Tignes** (1 h. 15 min., 273 hab., auberge) atteint 1,800 mètres d'altitude; l'hiver y est long et rigoureux; les habitants ne peuvent communiquer entre eux qu'en pratiquant des tunnels sous la neige ou des tranchées très-profondes. Ce village a été détaché de Tignes il y a deux siècles. A l'approche de l'hiver, toute la population mâle émigre en Piémont. La saison de l'été offre les aspects les plus ravissants.

Le village, situé entre l'Isère, le nant du Charvet et de l'Ougliettra, est la base du mont Iseran, dont les flancs sont noirs, abruptes du côté de Bonneval en Maurienne. Plus loin, le hameau du Fornet voit finir les habitations de la vallée et la végétation arborescente; il n'y a plus au delà qu'une gorge désolée qui se prolonge jusqu'au sommet d'un contre-fort de l'Iseran. Une dépression de cette montagne forme le col de Galésio, lequel passe en Piémont par la chapelle de la *Neva*, par des glaciers immenses et la *Scalare de l'Orca*.

C'est au fond de cette gorge, près du chalet de San Carlo, au pied des neiges et des glaciers, que surgissent les sources de l'Isère, de cette rivière que Polybe nomme *Scarax*, mais que d'autres historiens appellent *Isara*, et que Plancus, écrivant à Cicéron, désigne ainsi : *maximum flumen quod in finibus est Allobrogum*.

**Mont-Iseran** (4,045 mètres). Le sentier, le seul habituellement fréquenté, traverse le mont Iseran et tombe à Bonneval en Maurienne (6 h. à partir du village de la Val-de-Tignes). De Bonneval on arrive à *Bessans*, au pied des rampes du Mont-Cenis.

De la Val on peut côtoyer la montagne de la Touvière, à gauche de l'Isère, et arriver au pied du glacier de l'*Ouglia-Molla*, Grande-Motte, qui surmonte le lac de Tignes, ou redescendre à Tignes même, où le cirque du lac, situé à 2,088 mètres d'élévation et alimenté par les eaux du glacier de la Grande-Motte, offre une admirable perspective. Ce charmant bassin, qui peut avoir deux kilomètres de circonférence, offre de curieux phénomènes, produits par la nature du sol. La pêche de ce lac est très-fructueuse. Les nombreux troupeaux qui passent aux alentours y forment une harmonie alpestre qui rappelle les sites variés du canton de Zurich. A quelques pas, au sud-est, on voit le lac insondable de *Bourta-Courna*, effrayante corne.

**Col du Palet** (1 h. 40 min. du lac). Laissant à gauche le col de la Leisse, on s'élève sur la droite par une pente fort raide, et on arrive au sommet du col. Deux sentiers se présentent, l'un à piétons, qui descend la vallée de Peisey, l'autre à mulet, qui descend celle de Prémou. Le chemin qui suit le val de Peisey passe tout près du petit lac de *Cracalery*, peu après lequel un petit sentier à droite conduit, entre l'Aiguille-Percée et les Rochers-Rouges, au col de la *Tourne* (3,010 mèt.), puis, au delà, au gigantesque mont *Thuria*. On gravit, après le joli vallon de la Plagne, les pâturages de la Platière, et on se trouve au pied du formidable ennemi, comme disent les alpinistes (3,880 mèt.).

**Val de Prémou.** Une fois au sommet du col du Palet, au lieu de descendre dans le val qui s'ouvre en face, il faut encore monter un peu à droite, jusqu'à la *Croix-de-Frêtes,* et l'on voit devant soi un autre val qui, au lieu de se diriger vers le nord-nord-ouest, comme le précédent, se dirige vers le sud-sud-ouest. C'est le val de Prémou. Dans le haut se trouvent de petits lacs. La descente aboutit en face des parois flanc nord de la Vanoise, aussi abruptes que celles des Grands-Couloirs sur la face méridionale. Le glacier de Prémou, qui les couronne, laisse en certains endroits échapper des flots de glace ornés des plus beaux séracs. C'est sans contredit de ce côté que la Vanoise offre l'aspect le plus grandiose. Cette vallée se compose de roches cristallines noirâtres, polies par les anciens glaciers, et se rattachant au nord à l'aiguille du Midi, et au sud à l'aiguille Noire.

Descendant le col du Palet, le chemin se maintient à une certaine hauteur, laissant à droite le sentier du col de Plan-Pery qui va rejoindre le vallon de Peisey. Il ne faut pas traverser le torrent de Prémou. Le Doron y prend sa source, et va se rejoindre au Doron de Pralognan, à Bozel.

**Champagny** se divise en deux sections : Champagny-le-Haut, Saint-Clair (514 hab., altitude 1,452 mèt.) et Champagny-le-Bas, Saint-Sigismond (407 hab., altitude 1,280 mèt.). La vue, dès qu'on arrive à la Chiseretta, dernier village de Champagny-le-Haut, s'étend fort loin : Bozel, dent du Villard, pic de Crève-Tête au-dessus de Moûtiers, etc.

Les Champagnolins émigrent et se livrent au commerce des plantes médicinales. Les femmes ont conservé les modes d'autrefois : grand chapeau noir, mouchoir rouge, corsage court et robe brune ; elles sont laborieuses, sévères ; les hommes, fins, intéressés. Pierre de Champagny, connu sous le nom de Pierre de Tarentaise, d'abord simple religieux dominicain, puis archevêque de Lyon, cardinal-évêque d'Ostie, monta sur le trône pontifical en 1276 sous le nom d'Innocent V. Il est né au hameau du Planay, au lieu dit *la Cour*. Le nom de sa famille était Ruffier.

Le clocher de Champagny-le-Bas offre une particularité qui lui est commune avec les tours de Pise et de Bologne : c'est que, par suite d'un mouvement de terrain, il penche sensiblement et semble depuis plus de cent ans être pour les fidèles une continuelle menace. L'église possède un maitre-autel en bois doré, orné de statues d'anges et de sculptures curiéuses. Dans la partie la plus basse de la commune, au confluent du Doron de Pralognan et du Doron de Prémou, qui forment le Doron de Bozel, est enterré le hameau de Villard-Goîtreux, dénomination peu gracieuse.

---

# CHAPITRE XIV.

Pralognan. Vanoise. Maison de refuge. Entre-deux-Eaux. Glaciers des Grands-Couloirs, de la Casse. Val de la Motte. Col de Rosué. Aussois en Maurienne. Bozel. Monuments. Sanctuaire. Premiers chrétiens. Saint-Bon. La Perrière. Montagny. Poële. Feissons-sur-Salins.

Une course moins fatigante consiste à remonter la combe de *Pralognan* (trajet depuis Bozel 4 h.) par un chemin tout à fait romantique ; à l'ombre de vieux sapins barbus, le touriste longe des rochers étrangement déchirés, ou s'élève au-dessus de Villard-Goîtreux par la nouvelle route carrossable, traversant le *Planay* et la *Croix*, et arrive à *Pralognan* (873 hab.). Ce village est accroupi au milieu des plus hautes montagnes (1,421 mèt., hôtel Favre). La montagne de l'Aiguille-Noire (3,403 mèt.) est le dernier contrefort de la Vanoise ; vis-à-vis est le beau glacier des Sonnailles.

Pralognan est une position merveilleuse à la base des glaciers, centre des mieux choisis pour les plus belles courses de montagnes ; forêts, torrents, prairies, tout y est magnifique. Ce village repose en grande partie sur des roches moutonnées et striées, témoins irrécusables de la présence d'anciens glaciers. Les champs, peu nombreux, sont très-bien cultivés. L'industrie de la localité se borne à l'élève des bestiaux et à la fabrication des fromages de gruyère. L'émigration, organisée sur une grande échelle, a dirigé son courant vers le centre de la France. Les émigrants colportent des draperies et de la bijouterie, et réalisent souvent de grands bénéfices.

Deux sentiers rattachent Pralognan à la haute Maurienne : l'un conduit à Modane par le col de Chavière, et, suivant le val du Doron, on traverse *Prioux*, la *Motte*, le col d'Aussois par Rosué qui descend à Modane (10 h. depuis Bozel). Au col de Rosué est le lac Blanc, source du Doron principal. — L'autre sentier, partant de Pralognan, remonte la Sallanche par les hameaux de Fontanette, de l'Arselin et de la Glière, agglomération de cabanes en pierres sèches, servant d'abris aux bergers et aux troupeaux pendant les premiers et les derniers mois de la belle saison. De la Glière au sommet du col, le chemin est bien moins tracé, et est jalonné, pour les neiges d'hiver, de grands poteaux indicateurs, et traverse de nombreux éboulis descendus des moraines élevées du glacier de Côtes-Noires.

L'aiguille de la *Vanoise* (3,862 mèt.) plonge son piédestal dans un lac très-dangereux, quoique de petite dimension. Au midi sont encaissés des gouffres profonds, bordés de buissons touffus qui cachent le danger aux voyageurs imprudents ou inconscients.

Le Club Alpin (section de Tarentaise) aura dans quelques mois terminé la *station de refuge,* où le confortable en tous genres sera fourni avec abondance et cordialité aux touristes qui viendront explorer nos Alpes.

Après une heure 40 min. de traversée au sud, on arrive au-dessus de la vallée d'Entre-deux-Eaux. La partie supérieure que l'on découvre à gauche, et qui aboutit au col de la Leisse, offre un aspect lugubre et désolé, dominé par les parois verticales des Grands-Couloirs (2,000 mèt.), et à droite par la Sarra. Elle ne présente que des pentes interminables. Tournant à droite, on arrive au hameau d'Entre-deux-Eaux; on traverse la plaine de Laux, et l'on parvient à Termignon (4 h. de bonne route muletière). Les crêtes des rochers qui s'élèvent au-dessus des pâturages de Pralognan, de Champagny et de Tignes sont le patrimoine des chamois. Ils se montrent par groupes de 20, 30, 100; on en voit aussi, mais en plus petit nombre, sur les montagnes de Saint-Bon et de Saint-Jean-de-Belleville.

Le trajet de Moûtiers au col de la Vanoise ne saurait être trop recommandé. Tous les baigneurs de Salins et de Brides connaissent la charmante route qui conduit à Bozel, que 12 kilomètres séparent de Moûtiers. De Bozel à Pralognan, 12 kilomètres. On visite d'abord les belles cascades du torrent de la Vanoise (30 min. de Pralognan), puis le col de la Grande-Casse (3,175 mèt.), situé au bord des Grands-Couloirs.

Rentrant à Bozel (1,624 habit.), chef-lieu de canton, par un chemin de nouvelle construction, on y admire une belle chapelle, dédiée à la Vierge, sous le nom de Notre-Dame-de-tout-Pouvoir; les peintures sont du XVIIIe siècle. L'église est fort remarquable; on voit à Bozel une tour romaine, un château féodal, habité en villégiature par les archevêques de Tarentaise, des vignes chargées de raisins, à côté des sapins et des mélèzes, en face des neiges et des glaciers (882 mèt.), de jolis vergers. Ce bourg est fier de ses belles terres, de ses fromages, de ses cuirs tannés, de ses élégantes maisons. Il a été comblé trois fois par les alluvions du Borrieu, qui s'y précipite du Mont-Jovet. On trouve dans toute la vallée de Bozel des filons d'anthracite, de belles carrières de pierres à plâtre, des ardoisières et de gras pâturages.

La maison Villard-Raymond, d'Aime, possède un vieux manuscrit latin, où on lit que 400 chrétiens de Lyon, fuyant la persécution de Septime-Sévère au commencement du IIIe siècle, se réfugièrent sur les montagnes de Bozel et de Champagny. C'est une copie de la lettre même de Sempronius, gouverneur de Lyon. Ce manuscrit donne des détails précis sur le passage d'Annibal avec ses éléphants et sur le sel recueilli à *Darentasia* (Salins).

En face de Bozel, au delà du Doron, vous rencontrez le village de *Saint-Bon* (679 hab.), assis sur un méplat de la montagne, à l'entrée d'une combe divisée en deux branches, la Rosière et Prameruel. L'église, avec son clocher brillant, ses maisons coquettes, offre un coup d'œil pittoresque. Au-dessus du village est un lac peuplé de tanches. On fabrique à Saint-Bon des fromages en grande quantité.

On descend à *la Perrière* (521 hab.) par la fontaine des *Larmes*, près d'un rocher le long duquel suinte goutte à goutte une eau fraîche et limpide qui remplit un bassin naturel, où les animaux cheminant sur la route viennent se désaltérer. Au-dessous est une reisse animée par une cascade du plus bel effet.

On arrive bientôt à la chapelle rurale de Notre-Dame-de-Grâce, dépendant de la Perrière. Les scieries, les moulins, les forges prouvent l'industrie, l'activité des habitants. Sur la rive droite de l'Isère s'élève le village de *Montagny* (700 hab., 1,055 mèt.), où l'anthracite, le gypse, les ardoisières, le marbre gris veiné de blanc sont presque partout à découvert. A la distance de deux heures au nord, on admire une gracieuse chapelle sous le vocable de N.-D.-des-Neiges, où de nombreux pèlerins se rendent le 5 août, jour de sa fète. Au couchant est un mamelon d'où l'on découvre toute l'étendue de la vallée de Bozel et des confins de la Maurienne méridionale.

Ce village a vu naître le poëte Jean de Montagny (1520), digne émule de Claude de Buttet, de Chambéry, peu distancé par Ronsard. Montagny est renommé par ses grives genévrières, qui émigrent à l'approche de l'hiver. Au couchant de Montagny (2 heures en diagonale) on arrive à *Feissons-sur-Salins* (335 hab., 1,280 mèt.). De la croix de Feissons on jouit d'un panorama magnifique. C'est le même point de vue dont nous avons parlé à l'article *Moûtiers* (*Roc du Diable*). Après une pénible descente au sud-est (1 h. 50), on arrive à *Brides-les-Bains* en traversant le petit village de la *Saulce*, la plus ancienne paroisse de la vallée de Bozel au VIII° siècle.

# CHAPITRE XV.

**Brides-les-Bains. Eaux thermales. Composition des eaux. Leur usage. Les Allues. Richesses territoriales. Glaciers. Col de la Lune. Saint-Martin-de-Belleville. Sanctuaire. Les Lods. Les Encombres. Grand-Perron. Roche pétrie de fossiles. Anecdote d'un percepteur.**

**Brides-les-Bains** (1 h. 40 min. de Moûtiers, 194 hab., 575 mèt.; pension des Bains, de 5 à 10 fr.; — hôtels : de l'Etablissement, de France, de Gonthier, de Laissus, de Grumel, des Thermes, de Blanc. — Le confortable, l'élégance, la délicatesse des procédés ne laissent rien à désirer. — Télégraphe. — Omnibus partant plusieurs fois le jour de Moûtiers, 1 fr. ou 1 fr. 50. — Voitures à volonté. — Gracieuses maisons qui se remarquent de loin et reposent agréablement le regard).

L'établissement est alimenté par une source saline, dont la température est de 36 degrés; sa composition, d'après Soquet, 1824, est, pour 1,000 grammes d'eau :

| | |
|---|---|
| Acide carbonique libre .............. | 0,60000 |
| Hydrochlorate de magnésie .......... | 0,18854 |
| — de soude ............. | 1,84200 |
| Carbonate calcaire ................... | 0,28346 |
| — acidule de fer ............ | 0,03070 |
| Sulfate de chaux.................... | 2,25133 |
| — de soude.................. | 1,82093 |
| — de magnésie ............... | 0,11256 |
| Total......... | 6,63851 |

La *Revue des Sociétés savantes des départements*,
6ᵉ année, tome III, mars-avril 1876, contient ce qui
suit :

« Les eaux de Brides (Savoie) sont *thermales;* ce
sont des eaux *salines, sulfatées, calciques, sodiques*
et *magnésiennes;* elles sont de plus *ferrugineuses,*
*arsénicales* et *lithinées.* Ce sont des eaux essentiellement *purgatives* et *toniques* en même temps ; elles
peuvent remplacer avantageusement les eaux allemandes de Karlsbad et de Kissingen. Elles sont très-
indiquées dans les affections du foie, la pléthore
abdominale, les affections du tube digestif, les engor-
gements passifs de l'utérus, l'état hémorrhoïdaire, et
en général dans toutes les congestions, surtout ver-
mineuses. »

A quelque distance, en suivant une jolie promenade qui remonte le torrent du Doron, on arrive à
l'ancien établissement, qui dépend du précédent. C'est
un petit établissement au milieu duquel sourd la
source thermale, dont une partie est réservée à ali-
menter plusieurs piscines pour l'usage des baigneurs.
Sur la façade, une inscription rappelle que c'est aux
efforts du docteur Hybord que l'on doit le développe-
ment des bains de Brides.

La dénomination de *hameau des Bains* que porte
de temps immémorial le village actuel de Brides,
ainsi que la découverte faite en 1817, près des sources
thermales, d'une médaille sur laquelle on voyait d'un
côté l'effigie d'une impératrice avec le mot *Faustine,*

et de l'autre côté le dieu Esculape assis et appuyé sur une urne d'or d'où s'écoulait une source, sont des indices non douteux de l'existence d'anciens thermes que des inondations et des accidents de terrain ont dû quelquefois faire disparaître (1).

Le Père Bernard, religieux de l'observance de saint François, docteur et professeur en théologie, custode de Savoie, écrivait ce qui suit à Mgr Millet de Challes, archevêque de Tarentaise (1685) :

« Ces eaux naissent à une lieue de la ville de Moûtiers, capitale de la Tarentaise, que les Romains ont anciennement appelée la Province des Centrons, et, pour marquer qu'elles ne sont pas nouvelles, et qu'elles ont été autrefois en usage dans le même temps que les empereurs firent construire les bains d'Aix en Savoie, c'est que le lieu de leur source a toujours porté le nom de Bains (2). »

Cette déclaration, la tradition, l'habitude qu'avaient les Romains de créer des établissements auprès des eaux thermales, suffisent à prouver l'existence immémoriale des thermes de Brides-les-Bains.

On lit dans des notes privées, trouvées dans les archives de la maison Clerc Grégoire, hameau de la Thuile, commune de Montagny, qu'en 1696 une grande étendue du sol (schiste) s'étant détachée de la mon-

(1) *Document historique,* par M. le chevalier Orsi, pages 27 et 28. Moûtiers, 1836.

(2) Villefranche (1685), page 56.

tagne, engloutit la moitié du village des Bains, cachant les eaux à une grande profondeur. On observe que le terrain est de même nature que celui d'où l'éboulement est parti.

En 1818, les Bains furent mis à découvert par la débâcle d'une grande masse d'eau partie de Champagny, et amoncelée pendant trois jours par la chute d'un glacier qui avait obstrué le cours du Doron, entraînant tous les ponts jusqu'à Salins.

Le manuscrit de la maison Villard-Raimond, dont nous avons parlé ci-dessus, contient sur Brides les lignes suivantes :

« L'année suivante (211) de l'ère chrétienne, nous eûmes à pleurer la mort de trois de nos amis : d'abord celle du vieux Agatha, peu après celle de la veuve Vittellius, enfin celle de l'intéressante Julia, transportée dans une maison près d'une source chaude qui se trouve dans une petite plaine traversée par le Doron, à deux milles en dessous de la Colonie (Bozel). L'usage de cette eau parut d'abord calmer ses douleurs; cependant elle y mourut, laissant Semporius dans la plus profonde désolation. »

L'établissement thermal, construit en 1840 sous le gouvernement sarde, est, selon un rapport officiel, « après celui d'Aix-les-Bains, le plus confortable et le mieux aménagé des établissements minéraux de la Savoie. » Il appartient aujourd'hui à la Société industrielle de Tarentaise, ainsi que les bains de Salins. On y arrive par Chambéry, Annecy, Chamousset, et

on y arrivera bientôt par le chemin de fer d'Albertville à Moûtiers.

Le baigneur pourra facilement et sans fatigue faire
de délicieuses promenades au *Bois-Champion*, au
*Bois de Cythère*, à la *Gorge des Pigeons*, à l'*Ile des
Fraises*. S'il veut faire des excursions plus longues,
il pourra visiter le joli vallon des Allues, la croix de
Feissons-sur-Salins, le petit lac du Praz-de-St-Bon,
les gorges de Champagny, Pralognan, la Vanoise, le
mont Jovet, etc.

A une heure de distance au nord de Brides, existe
une source d'eau ferrugineuse, près du village des
Allues.

**Les Allues** (920 hab., 1,100 mèt. ; hôtel Blanche).
Si, de Brides, vous montez dans la combe encaissée,
au fond de laquelle le Doron fait, comme on dit, plus
de bruit qu'il n'est gros, un chemin spacieux vous
conduira bientôt à cet important village, aussi riche
par l'étendue de son territoire que par la fertilité du
sol. Ses habitants, forts et intelligents, émigrent trop ;
les bras y manquent à la culture. Belles forêts, riches
pâturages, des filons d'anthracite, de plomb argentifère et de zinc sulfuré ; c'est un grand berceau semé
de villages.

A proximité du village, au Villaret, s'élevait autrefois une résidence des archevêques de Tarentaise.
Là aussi on remarque des *tumuli* gaulois ; de l'un
d'eux on a exhumé un squelette complet et deux ornements de bronze.

**Val de Belleville.** Après avoir gravi la forêt au midi des Allues, on traverse le col de la Lune ou le Pas-de-la-Dame (3 h.), et on arrive au village de *Saint-Martin* (1,700 hab., 1,390 mèt.; hôtels Rey, Galliod). Il est situé au confluent de deux combes secondaires, du *Fonds* et des *Encombres*. Au 13 août et au 10 septembre se tiennent des foires considérables en bestiaux, bœufs, moutons, etc.

Riches en pâturages, ces combes sont pauvres en forêts et en bois de chauffage. Il y en avait autrefois, ainsi que l'attestent de puissants troncs de mélèzes reposant au fond du lac et des marais. Les chalets les plus élevés sont ceux de Maubec et des Lods (2,081 mètres).

Le sanctuaire de N.-D.-de-la-Vie, situé à 20 minutes de l'église centrale (1,521 mètres), attire les pèlerins de la Maurienne, des arrondissements de Moûtiers et d'Albertville; la fête principale se célèbre le 15 août. Les ex-voto appendus aux murailles prouvent hautement la foi robuste des fidèles qui s'y rendent. Des restes d'anciennes maçonneries, conservées derrière l'autel, rappellent la légende de la statue miraculeuse dans le sureau qui l'abrita. Cette chapelle (style renaissance) est vaste et bien ornée.

On exploite, pour l'usage de la localité, un anthracite qui égale la houille; les gisements sont abondants.

Cette commune se bifurque en deux vallées: l'une s'élève par des pâturages jusqu'au pied des glaciers, traverse la montagne des Lods et aboutit en Maurienne, à *Bonvillard,* franchissant par un chemin à piéton la *Montée des Fonds.* Un autre chemin, fort rude aussi, traversant le torrent un peu au-dessus des *Bruyères,* va rejoindre le col des Encombres. L'autre vallée, très-resserrée, prend sa direction au sud-est, traverse le col des Encombres (2,337 mètres) pour tomber à Saint-Michel en Maurienne, dans la vallée de l'Arc. C'est dans la vallée des Encombres que les géologues se reposent un instant pour détacher quelques fragments d'une roche pétrie de fossiles (1,705 mètres), tombée sans doute des sommets qui la dominent; cette roche gît isolée dans le fond du vallon. Le *Grand-Perron* ou Pic des Encombres commande le col; il faut en faire l'ascension pour jouir, au sommet, d'un des panoramas les plus imposants des Alpes. De Moûtiers à Saint-Martin, par Saint-Jean-de-Belleville ou Saint-Laurent, on compte 4 heures 50 minutes; de là à Saint-Michel en Maurienne, 8 heures.

En 1732, Raimond, châtelain de Tarentaise, ayant essayé de restreindre à son profit les droits des communiers, provoqua des troubles fort graves. Les femmes allèrent jusqu'à déterrer le cadavre de sa fille, enseveli dans l'église, le jetèrent sur l'herbe hors du cimetière, voulant le *faire manger aux éperviers.* Les soldats envoyés pour rétablir l'ordre battirent en retraite devant les pierres et les huées des habitants. On attendit l'occasion de saisir les chefs de la révolte quand ils descendirent à Moûtiers un jour de foire.

# CHAPITRE XVI.

Saint-Jean-de-Belleville. Tombeaux celtiques. Fabrication de gruyères. Fontaine-le-Puits. Villarlurin. Salins. Composition des eaux thermales. Leurs usages. Hautecour. Plain - Villard. Annibal.

Revenant sur ses pas et se dirigeant au nord-ouest, le voyageur arrive à *Saint-Jean-de-Belleville* (2 h., 1,000 hab., 1,130 mèt. ; auberges : Moulin, Bermond). Cette localité est riche en débris celtiques et en souvenirs féodaux. Quand on pratique des excavations pour bâtir et améliorer les terres, on soulève fréquemment des pierres tumulaires renfermant des ossements ornés de bracelets, de colliers d'ambre, d'épingles précieuses et des tisons qui attestent la crémation des cadavres. Les hameaux de la Flachère, du Villard, de Deux-Nants, le Chef-Lieu, en fournissent un grand nombre. M. Prunerby, de Paris, qui fait autorité dans le monde savant, a examiné une tête trouvée dans un de ces tombeaux, qu'il déclare appartenir à un sujet issu du mariage d'une Celte et d'un Ligure. Au bas du village on voit un cercle druidique formé de blocs énormes. Au hameau de Villarly on remarque les ruines d'un château féodal ; à la Flachère, une chapelle ayant appartenu à l'archevêché de Moûtiers. Les hameaux de la Combe, de la Flachère s'appelaient *Quartiers archiépiscopaux;* ceux de Villarly, du Novalay, *Quartier ducal.*

Six vastes montagnes fabriquent d'excellents gruyères.

La chapelle de Notre-Dame-de-Grâce ( style de la renaissance) atteste une main habile.

Par le col de Valbuche, au midi du village (2 h. ), on descend à la Chambre, en Maurienne ( 8 h. ); par celui du Bonnet-du-Prêtre, ainsi nommé à cause de sa forme, on arrive à Saint-Jean-de-Maurienne (trajet 10 h.). Depuis Saint-Jean-de-Belleville, route muletière par le col du Golet; panorama magnifique sur la Tarentaise. On arrive en quatre heures aux Avanchers sur Aigueblanche. Lorsque la nouvelle route carrossable qui part de Moûtiers sera terminée, le val de Belleville acquerra une grande importance commerciale. Le célèbre Jean de Belleville, cuisinier du chevaleresque Comte-Vert, est né dans cette commune. On sait qu'il inventa le *gâteau de Savoie,* connu de tous les gourmets des deux mondes.....

Suivant la même direction sur Moûtiers, on arrive bientôt sous le village de *Fontaine-le-Puits* (196 hab.), où abondent les coqs de bruyère. Sur la rive droite de Merderel on voit le village de *Saint-Laurent-de-la-Côte,* appelé *Les Ravins* dans la nomenclature des noms révolutionnaires (327 hab.), territoire où l'on exploite le gypse blanc et le gypse rouge, qui sont très-estimés.

**Villarlurin** (230 hab.), situé au-dessus de Salins,

offre une particularité remarquable : on voit à l'oratoire de Notre-Dame-de-Compassion un ex-voto attes-
tant que, lors de l'incendie qui enveloppait le village
en 1630, une pluie obtenue tout à coup par l'efficacité
de la prière d'un vieillard prosterné au pied de la
Vierge, éteignit l'incendie et préserva le village d'un
malheur iné itable.

**Salins** (20 min. de Moûtiers, 279 hab., 475 mèt.;
hôtel des Bains, auberges). Belle route carrossable;
promenade bien entretenue; service d'omnibus, partant de la place des Victoires et du pré commun, pour
Brides et Salins. On arrive à Brides en moins d'une
heure. Les eaux thermales de Salins sont connues
depuis un temps immémorial. Elles servaient déjà,
avant l'invasion romaine, à la fabrication du sel,
objet de première nécessité pour l'alimentation publique; elles ont donné naissance à Salins, qui n'est
plus qu'un petit village, mais qui fut autrefois une
ville assez importante, désignée sous le nom de *Sa-
linæ, Salinum, Darentasia.*

Il est à présumer qu'il en fut de même de l'origine
du château de Salins, appelé plus tard château de
Melphe, probablement à l'époque de l'invasion des
Sarrasins, car le mot *melphe* signifie en arabe *eau
salée.* Habité par les princes de Savoie, il devint le
chef-lieu des domaines qu'ils avaient acquis en Tarentaise après les événements de 1076. Il fut plus
tard inféodé à une noble famille, dont les membres
prirent le nom et le titre de comtes de Salins. Les

Mermet, les Duverger succédèrent à cette famille dans la possession de ce fief. Il fut démantelé et dévasté par Lesdiguières. De 1742 à 1748, les Espagnols y établirent leur camp; sa destruction devint alors complète.

Le petit village de Salins repose sur les débris plusieurs fois accumulés de l'ancien bourg du même nom, lequel était assis lui-même sur les ruines d'une ville antérieure à la conquête romaine, appelée *Darentasia*, capitale de la Centronie, actuellement Moûtiers. Les sources salées qui surgissent du rocher de Melphe y avaient attiré les habitants des montagnes voisines; ils y fabriquaient le sel qui se vendait dans toute la contrée.

« Je me persuade, dit M. Roche dans ses *Notes historiques,* 1849, sur l'autorité de Polybe, que ce fut là la place qu'Annibal fut obligé d'assiéger et de prendre pour pouvoir continuer sa marche. Si, l'an 534 de Rome, cet endroit était déjà fortifié, Salins a dû exister dans des temps très-reculés. Deux généraux romains, Veterus et Messala Corvinus, n'ont pu soumettre les Centrons et les Salasses qu'en les privant du sel qu'ils tiraient de ce pays. Un éboulement de la côte occidentale paraît avoir détruit la ville au commencement du XVᵉ siècle. »

Le duc Emmanuel-Philibert ordonna, en 1559, des travaux pour rechercher les eaux et les amener à Moûtiers; de cette époque datent les salines de Moûtiers. Les eaux furent encore détruites au commencement du XVIIIᵉ siècle, pendant la guerre contre la

France. Elles furent conduites sous Conflans, où elles achevaient de se vaporiser dans un vaste bassin, appartenant aujourd'hui au baron Perrier.

Les salines, dont l'exploitation était trop dispendieuse, ont été vendues récemment à la Société industrielle de Tarentaise.

Une voie romaine conduisait de Vienne en Dauphiné jusqu'aux Alpes grecques (petit Saint-Bernard), passant depuis Briançon sur la rive gauche de l'Isère, et venant aboutir à Salins par un pont jeté sur le Doron, *Pont-Céran*, pont étroit.

Ces eaux ont une température de 37 degrés; leur composition, d'après Berthier, 1809, est, pour 1,000 grammes :

| | |
|---|---|
| Gaz acide carbonique.................... | 0,68 |
| Carbonate de fer........................ | 0,15 |
| — de chaux ................ | 0,75 |
| Sulfate de chaux........................ | 2,40 |
| — de magnésie................. | 0,52 |
| — de soude.................... | 0,98 |
| Hydrochlorate de magnésie............. | 0,30 |
| — de soude.............. | 10,22 |

Reverdy y a reconnu le brome et la potasse, et Fabien Calloud l'iode.

Les baignoires sont en marbre blanc, et le malade s'y trouve dans un courant continu. Les maladies provenant de l'appauvrissement du sang, plaies anciennes, douleurs rhumatismales, musculaires et articulaires chroniques, atonies de l'appareil générateur de la femme, paralysies des centres nerveux, affections cutanées, ulcérations chroniques, cèdent promptement à leur action régénératrice.

Salins possède des exploitations de chaux et de plâtre, et non loin du village, sur la rive gauche du Doron, une roche veinée de quartz et entremêlée de beaux cristaux de feldspath, donne un filon de laiton oxydé jaune, pur et cristallisé. L'usage habituel de l'eau salée dans la fabrication du pain et des autres aliments, donne aux habitants une force, une santé qu'on ne rencontre nulle part dans les environs.

**Hautecour** (1 h. de Moûtiers nord, 557 hab., 1,074 mèt.), territoire pittoresque, accidenté, gracieux, parfois disloqué; on dirait des roches éruptives; de petits villages mamelonnés offrent des surprises que le paysagiste sait apprécier, et dont il enrichit toujours ses collections. Il est des points de vue qui dominent toute la hauteur des montagnes de la Tarentaise. Vous voyez s'ouvrir devant vous de nombreuses vallées, miroiter d'immenses glaciers, s'aligner des roches qui atteignent le ciel.

L'église, placée sur une crête, est chaque jour visitée par le vent du nord à onze heures très-précises du matin. On remarque un tombeau de marbre de Carrare élevé en souvenir du savant archevêque de Gènes, Msr Charvaz, précepteur des princes de Sardaigne; c'est à lui que l'on doit la construction d'une chapelle gothique située à 15 minutes nord de l'église. Au midi du presbytère, sur la pente des rocs, s'élève une modeste chapelle que l'on attribue à S. Jacques, premier apôtre de la Tarentaise; au versant méridional, on admire l'empreinte bien marquée du corps du saint, qui a surnaturellement amolli la surface du rocher (1).

A *Plain-Villard*, premier hameau de Hautecour, est le dolmen dont nous avons parlé ci-devant. On trouve, sur plusieurs pentes rocailleuses, de beaux cristaux siliceux, du fer spathique, du cuivre pyriteux et de l'anthracite.

Le duc de Montferrat, à la tête d'une colonne mobile, eut à soutenir une action très-meurtrière, le 19 septembre 1793, contre un détachement de 3,000 hommes envoyés par le général français Kellermann.

Hautecour est un type social qui tranche à grandes rainures avec les autres communes de la Tarentaise. L'autorité paternelle y est en plein exercice; le père de famille règne et gouverne; sa parole impose, la femme fléchit. Là, elle est exclue de la table officielle toutes les fois qu'il y a festival; Brillat-Savarin en main, le mari seul dirige l'ordre culinaire. Puissant Vatel, il sait banqueter avec honneur. Ce gouvernement a un côté civil et religieux qui préserve la famille de tout naufrage. Les mœurs se maintiennent pures, inaltérables.

Les premiers archevêques de Tarentaise allaient en villégiature à Hautecour; ils y avaient établi un

(1) « Quand on aura fini de nier le surnaturel, dit Châteaubriand, on niera Dieu. » C'est fait!!!

tribunal pour le contentieux : de là, la dénomination de Hautecour.

Un sentier abrupt conduit de Hautecour à Villargerel. Le regard plonge sur la gorge vertigineuse au fond de laquelle est encaissée l'Isère, réunie au Doron de Salins. Au-dessus de la rivière sont les vestiges d'une voie romaine que va bientôt remplacer le chemin de fer. C'est le passage où Annibal fut si maltraité par les Kentrons (Centrons), qui roulaient sur son armée des rochers énormes. Sur cette question du passage des Alpes par le héros carthaginois, il nous suffira d'établir les faits suivants.

M. Delacroix, dans la *Statistique du département de la Drôme,* 2ᵉ édition, in-4°, 1835, page 22, dit qu'il existe 90 dissertations sur le passage d'Annibal des Gaules en Italie, et que celle qui réunit le plus de suffrages est celle qui le fait passer par les Alpes grecques (le petit Saint-Bernard), soit 33 suffrages, au nombre desquels ceux des historiens latins Cælius et Cornelius Nepos ; ce dernier a visité les Alpes peu de temps après le passage d'Annibal ; — par le Mont-Genèvre, 24 ; — le grand Saint-Bernard, 19 ; — le Mont-Cenis, 11 ; — le Mont-Viso, 3. « Ce sont les seules routes, dit M. Macé (*Description du Dauphiné*), entre lesquelles on puisse, sans parti pris, se prononcer. »

M. Deluc (*Œuvres de Tite-Live,* sous la direction de M. Nisard, professeur d'éloquence au Collége de France, tome Iᵉʳ, chap. xxvi, page 878) prouve sans réplique qu'Annibal a passé par les Alpes grecques.

« Il est maintenant reconnu, ajoute M. Nisard, par le plus grand nombre des savants que la route d'Annibal jusqu'au bourg Mont-Meillant est celle qu'a décrite Deluc d'après Polybe. »

Napoléon I<sup>er</sup>, dit Montholon, pensait qu'Annibal avait traversé le Mont-Cenis; mais cette opinion est également fausse :

1° Parce qu'à cette époque (218 ans avant l'ère chrétienne) le passage du Mont-Cenis n'était pas connu; aucun chemin n'y était ouvert;

2° Parce que la vallée de l'Arc, qui aboutit au Mont-Cenis en longeant la Maurienne, présente une infinité d'obstacles. Pour les éviter, on est obligé de passer dix fois d'une rive à l'autre.

« Il serait trop long de détailler, dit M. de Saussure, les nombreux défilés que l'on rencontre dans cette route, et de noter combien de fois les étranglements et les sinuosités de l'Arc forcent à passer d'une rive à l'autre. »

Cette vallée offrait évidemment de trop grandes difficultés pour que, dans ces temps reculés, on y eût tracé une route pour traverser les Alpes. La descente du Mont-Cenis, du côté de l'Italie, était aussi une impossibilité, car les rochers sont presque à pic, et ce n'est qu'en taillant le roc avec un grand nombre de zigzags qu'on a pu rendre cette descente praticable. C'est sans doute à cause de ces difficultés que la route du Mont-Cenis n'a été ouverte que plusieurs siècles après celle des Alpes grecques; aussi il n'en est point fait mention dans les itinéraires romains.

La route du Mont-Cenis n'est pas celle que les Gaulois suivaient pour se rendre en Italie; elle n'était pas encore connue du temps de Polybe. Cet auteur, en décrivant la route suivie par Annibal, *la même qu'il parcourut soixante ans après*, n'a pu décrire une route inconnue de son temps;

3° Parce que Polybe dit qu'Annibal fut obligé de traverser de vieilles neiges en se rendant en Italie : or, au mois d'octobre, époque de son passage, il ne pouvait y avoir de vieilles neiges au Mont-Cenis, car, outre que ce passage est plus abaissé de cent toises que celui du Saint-Bernard, il est tourné vers le sud, où la neige disparaît entièrement au mois de juin;

4° L'opinion de Napoléon est sans fondement, disent les auteurs contemporains, parce qu'elle ne repose que sur la raison de la guerre, et fait complète abstraction de toutes les données historiques et géographiques.

# CHAPITRE XVII.

## Orographie. Glaciers. Avalanches. Principaux passages des montagnes et des glaciers.

Les montagnes de la Tarentaise font partie des hautes Alpes; elles s'étendent du col du Bonhomme, du petit Saint-Bernard au Mont-Iseran. Une ramification part du Mont-Iseran, et, décrivant un arc de l'est à l'ouest, vient finir insensiblement dans la plaine d'Albertville. Cette chaîne de montagnes sépare la Tarentaise de la Maurienne, l'Isère de l'Arc, qui prennent leurs sources aux côtés opposés du Mont-Iseran.

Les points principaux de cette ligne sont : le col de la Large, la Vanoise, le Mont-Chavière, le Grand-Loup, les Encombres et le col de la Madeleine.

Au nord, se profilent les monts du Chapieu au Cormet.

Au midi, la Thurra, Jovet, que baigne le Doron de Bozel.

Le Mont-Iseran forme la véritable ossature de la Tarentaise et des contrées voisines; il projette d'innombrables chaînons latéraux et de contre-forts composant un dessin orographique et géologique merveilleux. Moins élevé de 800 mètres que le Mont-Blanc qui en a 4,810, il est environné de montagnes qui le dérobent en partie aux regards du touriste. Quoique très-accessible, il est rarement visité; il est néanmoins l'un des nœuds des montagnes les plus remarquables de tout le système des Alpes, et mérite d'être étudié, si l'on veut se rendre raison des ramifications secondaires qui se détachent de sa base.

Les montagnes de la Tarentaise ouvrent de nombreux passages aux voyageurs qui désirent visiter les pays voisins.

Le petit Saint-Bernard, qui est le prolongement

de la grande route qui traverse la Tarentaise, conduit directement à Aoste.

Le col du Mont par Sainte-Foy, les vallées de Grisanche, de Tacqui, du Lac, du Clou, aboutit à la route d'Aoste par diverses descentes plus ou moins rudes, dont nous avons parlé.

Le col de la Golette ou de Rhêmes, par Tignes conduit à Rhêmes, à Aoste.

Le col de Galise, par le val de Tignes, va re joindre la vallée de Locana en Piémont.

De Termignon (haute Maurienne) on se rend à Ti gnes, à Bourg-Saint-Maurice et Moûtiers par Bonneva et le Mont-Iseran ou la Vanoise.

Par le col du Mont-Sapey, sur la Chambre en Mau rienne, on aboutit à Saint-Paul-sur-Isère ou Feisson. sous-Briançon.

Du col de la Madeleine on descend à Aigueblanch par les Avanchers et Bellecombe.

De Saint-André en Maurienne, de Saint-Michel, o se rend à Saint-Martin-de-Belleville, à Saint-Jean à Moûtiers.

Pour se rendre en Faucigny, on passe à Bourg Saint-Maurice, Bonneval, les Chapieux, le col ( Bonhomme, Notre-Dame-de-la-Gorge.

On se rend dans l'arrondissement d'Albertville p Saint-Thomas-de-Cœur, soit Petit-Cœur; à Beaufo par Naves et Arêches; à Aime par le Cormet, Chapieu, Roselend; à la Bâthie par Arêches.

A la hauteur de 3,000 mètres au-dessus du nive de la mer, la végétation cesse pour faire place a neiges persistantes. Cette limite n'est pas cependant invariable, et peut être plus ou moins élevée, suivant les circonstances dépendant de l'exposition, de la pente des monts, du voisinage des hauts sommets et de la quantité de neige tombée.

**Glaciers.** Quand on visite les hautes montagnes des Alpes, on aperçoit de loin, éclairées par les feux éblouissants d'un splendide soleil, d'immenses masses de neiges et de glaces éternelles. De près, l'aspect de ces phénomènes prend un caractère plus imposant encore. Les hautes vallées alpestres sont entièrement remplies, entre les bases des montagnes qui les encadrent, d'une véritable mer de glace, semblable à un torrent furieux tout à coup saisi par la gelée, ou plutôt à une mer en courroux subitement condensée par le froid. Toutes ces images ne rendent que d'une manière bien imparfaite l'affreuse réalité. La surface du glacier se hérisse d'immenses aiguilles d'un vert éclatant, groupées dans un désordre pittoresque, et s'élevant de vingt à trente mètres de hauteur. Des crevasses irrégulières, tantôt larges, ordinairement étroites, courent dans tous les sens et vont se perdre dans l'abîme, souvent de plusieurs centaines de mètres de profondeur, avec des teintes d'un bleu admirable ou d'un vert émeraude magnifique, en engouffrant des ruisseaux superficiels qui vont se joindre à un ruisseau dont le canal est creusé sous le glacier. Cette masse, loin de rester inerte et silencieuse comme le royaume de l'hiver et l'empire de la désolation éternelle, semble, au contraire, agitée par des mouvements intestins et comme par une sorte de fermentation mystérieuse. Des bruits continus s'y font entendre, et, de temps en temps, d'horribles craquements en ébranlent les fondations, semblables aux pulsations d'un organe gigantesque.

**Avalanches.** Le plus terrible des phénomènes des Alpes est l'avalanche. On appelle ainsi la chute d'un amas de neiges ou de glaces qui, se détachant des hauts sommets, se précipite dans la plaine avec la rapidité de l'éclair.

On divise les avalanches en deux classes principales : les avalanches *poudreuses* et les avalanches *du printemps.* Les premières ont lieu lorsque la neige, fraîchement tombée, n'a pas assez d'adhérence pour se pelotonner, et roule en poussière.

Les avalanches du printemps sont les plus redoutables. Lorsque la neige commence à fondre, l'eau, pénétrant dans la masse et suintant à la surface des rochers, les rend glissants et détruit l'adhérence de la couche neigeuse qui les couvre : alors la masse entière glisse subitement sur les pentes rapides, et, annonçant sa chute par un grondement sourd pareil au bruit du tonnerre, entraîne tout sur son passage, arbres, maisons, chalets. Ces désastres sont nombreux en Tarentaise. L'impétuosité des avalanches est telle, qu'on voit souvent des chalets et des forêts renversés, des hommes terrassés et étouffés à une distance considérable de la place où le torrent de neige a passé.

Après l'avalanche, le phénomène que les voyageurs et les guides redoutent le plus est ce qu'on appelle la *tourmente*, espèce d'ouragan qui soulève les neiges fraîchement tombées et les transporte en tourbillonnant sur les chemins, les sentiers et les passages, qu'elles recouvrent, en arrachant même les signaux qui en indiquent la trace. Lorsque la tourmente siffle, on dirait que tous les éléments sont déchaînés. La neige, fouettée par l'orage, voltige et tourbillonne avec une telle violence, que ses flocons subtils, lancés sur le visage, causent les plus vives douleurs. Les voyageurs surpris courent quelquefois les plus grands dangers.

Au sommet du petit Saint-Bernard est établie une maison hospitalière, desservie par un prêtre séculier, où l'on donne asile et où l'on reçoit tous les soins que peut nécessiter la saison rigoureuse.

# CHAPITRE XVIII.

## Géologie.

La Tarentaise est comprise entre deux massifs de roches cristallines. Le premier de ces massifs est formé par les montagnes situées à l'ouest du vallon de la Grande-Maison et du vallon des Celliers, lesquels s'étendent au nord vers Beaufort et de là jusque près d'Ugines et à Conflans ; au sud, par le mont Bellachat et la dent du Corbeau jusque vers l'Arc, et au delà jusque dans les cantons d'Allevard et du Bourg-d'Oisans (Isère).

Les rochers qui dominent dans la partie de ce massif, qui touche à la Tarentaise, sont des schistes talqueux passant au gneiss ou à des stéaschistes granitoïdes. On y trouve sur quelques points des pyrites de fer arsénicales, des pyrites cuivrées, des galènes argentifères, du cuivre gris et plus rarement de l'antimoine sulfuré.

Le second massif de roches cristallines borne la Tarentaise à l'est ; il est constitué par les montagnes qui s'étendent depuis Val-Grisanche en Piémont jusque vers le mont Ormelon (Iseran). Dans cette région dominent les granits protogineux, alternant avec des schistes talqueux et des serpentines. Cette dernière roche se montre notamment entre Bonneval et Villaron dans la vallée de l'Arc, entre le Manchet et le col du Fond, sur le versant nord du Mont-Iseran, au nord du petit Saint-Bernard, et enfin dans la vallée de la Versoye. Entre les deux gorges qui viennent d'être indiquées, se placent, en suivant l'ordre chronologique : 1° la formation houillère, 2° la formation triasique, 3° la formation jurassique.

Ces trois terrains ont subi, lors du soulèvement des Alpes, de tels bouleversements et des dislocations si considérables, qu'il est impossible de donner à chacun une délimitation exacte, si ce n'est au moyen d'une carte très-détaillée. Toutefois on peut en faire connaître les caractères généraux.

1° L'expression de terrain houiller doit être entendue ici dans le sens géologique, et non dans l'acception minéralogique, car ce terrain contient le combustible nommé anthracite, qui en fait disparaître les éléments bitumineux. Le terrain houiller présente des empreintes de calamites sphénétéris, névoptéris, pécoptéris à Petit-Cœur, Naves, Doucy, Celliers, au-dessus des Avanchers, entre Salins et Villarlurin, à Mâcot, Saint-Martin-de-Belleville et en diverses autres localités ; de sorte que son déplacement ne laisse plus aucun doute. Il occupe la partie supérieure des vallons de Celliers, de Nambrun, des Encombres, de Belleville, de Saint-Martin, de Saint-Marcel, des Allues, d'une partie de la Vanoise, des vallons de Prémou sur Champagny, dans la vallée du Doron. Il forme le terrain de Saint-Bon, la Perrière, Montagny ; se voit sur le versant nord du mont Jovet et les pentes qui descendent vers Longefoy, Mâcot, Peisey, Hauteville-Gondon. De l'autre côté de l'Isère, il se montre à la Côte-d'Aime, à Mont-Valezan, aux Chapelles, à Mont-Valezan-sur-Séez et à Sainte-Foy.

Le terrain houiller, ainsi qu'on le voit par ce simple aperçu, occupe une grande partie de la Tarentaise ; il est constitué protogénésiquement par des schistes argileux et du grès talqueux. C'est dans ces derniers que se trouvent les célèbres filons de galène argentifère avec baryte sulfaté de Mâcot et de Peisey.

Près des contacts avec les roches cristallines, le

terrain houiller a subi un métamorphisme si considérable, qu'il a été pendant longtemps inconnu des géologues et confondu avec le terrain cristallin.

2° A la formation houillère succède celle du trias; celle-ci est constituée par une assise plus ou moins puissante de quartzite, correspondant au grès bigarré, à laquelle se trouvent les marnes irisées avec dépôt de gypse et couches de calcaires magnésiens.

Plusieurs sources salées, notamment celles de Salins près Moûtiers, témoignent de l'existence d'eaux de sel marin dans cette formation. Du reste, on a exploité un amas de sel gemme à Arbonne près de Bourg-Saint-Maurice.

Les gisements de gypse sont nombreux aux Avanchers, à Notre-Dame-du-Pré, à Villarlurin, entre Saint-Martin-de-Belleville et la Côte, entre Brides et la Saulce, à Bozel, dans les vallons qui entourent Pralognan, le Bourg-Saint-Maurice, Aime, Séez, etc.

Les eaux qui traversent les marnes gypseuses exercent incessamment une corrosion sur les calcaires magnésiens qu'elles touchent. Aussi trouve-t-on fréquemment les calcaires changés en roches cariées et caverneuses. C'est à cette réaction des sulfates de chaux sur les carbonates de magnésie que sont dues aussi les sources minérales d'Aigueblanche, de Brides et autres, qui contiennent des sulfates de magnésie.

3° Enfin, le calcaire liasique termine la série des terrains de la Tarentaise. Le calcaire a été parfaitement caractérisé par les ammonites et les bélémites trouvées au col de la Madeleine, au col des Encombres, à Petit-Cœur, etc.

Le lias est particulièrement développé autour de Moûtiers, sur les hauteurs qui dominent Aigueblanche, Hautecour, les Avanchers, Fontaine, Feissons-sur-Salins, et dans les montagnes situées au-dessus d'Aime et de Granier.

Les industries minérales, autrefois florissantes en Tarentaise, les mines de Mâcot et de Peisey, ont eu une longue période de prospérité, à laquelle a préjudicié la concurrence des mines d'Espagne. L'exploitation du sel gemme d'Arbonne a dû être abandonnée par suite de difficultés de maintenir les galeries contre l'action envahissante et destructive des eaux.

Les sources de Salins n'ont pu tenir contre le bas prix du sel de mer.

# CHAPITRE XIX.

## Notes historiques. Industries. Caractère des habitants de la Tarentaise.

Au commencement du cinquième siècle de l'ère chrétienne, les Barbares franchirent les frontières de l'empire romain. — Vandales, Suèves, Alains, envahissent la Gaule. — Plusieurs villes de Savoie sont saccagées (406).

Les Burgondes occupent la Tarentaise (456).

Théodoric-le-Grand fonde en Italie les royaumes des Ostrogoths, qui poussent leurs conquêtes jusqu'en Savoie et s'emparent de la Tarentaise (534).

De Vitigès, leur roi, elle passe à Gontran, roi de Bourgogne (561). En 638 elle devient l'apanage de Clovis II; elle échoit à Pepin-le-Bref en 742.

Rodolphe Ier forme le second royaume de Bourgogne; la Tarentaise en fait partie (888).

Les Sarrasins dévastent la Tarentaise (916). Ils sont bientôt suivis par les Hongrois (924).

Nouvelles invasions des Sarrasins (942).

Bérold, lieutenant de Rodolphe III. — Origine présumée de la maison de Savoie (1031).

Le royaume de Bourgogne est incorporé à l'empire d'Allemagne. Mais, poussés par le sentiment national et la haine contre les Allemands, leurs nouveaux maîtres, les gouverneurs, les comtes, les abbés des communautés religieuses, profitant de l'anarchie qui régnait dans l'empire, surtout de l'éloignement du siége de la puissance souveraine, secouèrent le joug des empereurs et devinrent de véritables potentats sur les terres dont ils étaient précédemment ou simples gouverneurs ou simples feudataires.

Les empereurs, devenus impopulaires, durent se résigner à ne considérer les provinces que comme un fief mouvant de l'empire; ils n'avaient qu'une autorité nominale sur ces petits vassaux; ce démembrement développa le système féodal, déjà en vigueur dans plusieurs contrées voisines.

Après les grands feudataires, les évêques de Genève, de Maurienne, de Tarentaise, les comtes de Genevois, les sires de Faucigny, les vicomtes de Maurienne, qui exerçaient l'autorité comme de véritables souverains, venaient les gentilshommes moins riches et moins puissants, qui, placés diversement sur les degrés de la hiérarchie féodale, reconnaissaient la souveraineté des hauts et puissants seigneurs laïques ou ecclésiastiques. On compte, parmi les grands feudataires, des seigneurs de tous grades, de tous rangs, de toutes conditions.

1097. Date présumée de l'acquisition de la Tarentaise par la maison de Savoie.

1332. Emeute en Tarentaise. — La Savoie est érigée en duché par l'empereur Sigismond (19 février 1416).

1530. Les états généraux sont réunis à Moûtiers. Dans ces états, Charles III réorganise la Chambre des comptes, et accorde plusieurs édits de réformes financières.

1630. Peste à Chambéry, Annecy, Moûtiers, en Piémont.

1720. Remise de l'île de Sardaigne à Victor-Amédée II par le prince Ottajano, au nom de l'empereur (8 août); il prend dès lors le titre de roi de Sardaigne.

Le général Montesquiou ayant pénétré en Savoie avec deux corps d'armée, le 24 septembre 1792, les troupes sardes se retirent sur les Alpes. Un camp fut formé sur le petit Saint-Bernard. Plusieurs escarmouches, sinon des combats importants, marquèrent la période d'occupation de la Tarentaise par l'armée française. Le duc de Montferrat, troisième fils de Victor-Amédée III, tint en échec le général républicain pendant trois ans; ce ne fut que la trahison de l'infame Bergos, d'origine bernoise, qui le força à rétrograder dans la vallée d'Aoste. La Tarentaise fut incorporée à la France en vertu du traité du 1er juin 1796. Le nouveau gouvernement divisa le département du Mont-Blanc en sept districts; celui de Moûtiers comprenait dix cantons.

Les principales industries se rattachent à l'élevage des bestiaux de la race bovine. La race tarine ou de Tarentaise est connue de toute la France. Les négociants du Dauphiné, surtout, viennent à toutes nos foires acheter à des prix très-élevés les nombreux troupeaux de bêtes à cornes qui couvrent nos places publiques.

Le fromage de gruyère est expédié en Italie, à Lyon, Paris, en Angleterre même.

Le commerce des cuirs verts est fort considérable.

Nos carrières de diverse nature n'attendent que la construction de chemins de fer pour couvrir avec profit leurs frais d'exploitation.

Les industries de troisième ordre rivalisent avantageusement avec celles des autres départements.

Les habitants de la Tarentaise se sont toujours distingués par cet esprit de fierté et d'indépendance qu'on retrouve chez les peuples montagnards. Moins que tout autre peuple ils pardonnent la moquerie et le mépris. Ils n'oublient pas l'unité de leurs premiers aïeux. Les femmes se font remarquer par la finesse d'esprit, la délicatesse de sentiment, la fermeté de caractère. Ils justifient les paroles de Volney : « Les pays de plaines sont le siége de l'indolence et de l'esclavage, et les montagnes, la patrie de l'énergie et de la liberté. »

# CHAPITRE XX.

## Flore. Station des plantes. Mois où elles se récoltent.

La Tarentaise, si connue des géologues et des minéralogistes, a été peu explorée par les botanistes. Je n'ai pas cru devoir parler d'une foule de plantes qui sont communes partout. Je me suis borné aux espèces rares et à celles qui peuvent donner une idée du climat, et deviennent intéressantes pour la géographie botanique.

J'ai tâché de donner à ce petit travail toute l'exactitude nécessaire, pour qu'il mérite la confiance des naturalistes ; et, afin d'atteindre plus sûrement mon but, j'ai soumis toutes les espèces difficiles au contrôle d'un naturaliste assez connu par le soin et la sagacité qu'il apporte dans la déterminaison des espèces, pour qu'il soit inutile d'en faire l'éloge.

F. D.

# PLANTES OBSERVÉES EN TARENTAISE

Par M. F. Dumont.

## DICOTYLÉDONÉES.

### SOUS-CLASSE 1ʳᵉ.

#### FAMILLE DES RENONCULÉES.

1. *Atragene alpina*. L. *Clematis alpina*. Dc. fl. fr. Se trouve çà et là parmi les débris de rochers, entre Tignes et Laval. Juillet.

1. *Thalictrum fœtidum*. L. Au-dessus de Laval sur les murs secs. Juillet.

1. *Anemone vernalis*. L. Col de la Madeleine; col du Bonhomme; montagne des Allues. Juin.

2. *A. alpina*. L. Col de la Madeleine; montagne des Avanchers. Juillet.

   *A. alpina*, v. *sulphurea*. Koch. Beaupré; montagnes des Allues, du côté du Saut. Juillet.

3. *A. narcissiflora*. L. Beaupré; col de la Madeleine; montagnes des Allues. Juin-juillet.

4. *Ranunculus alpestris*. L. Glaciers des Allues; col du Bonhomme. Juin-juillet.

5. *R. aconitifolius.* L. Dans les prairies humides des montagnes, au col de la Madeleine, etc. Juin.

6. *R. glacialis.* L. Col du Bonhomme; col des Fours; glaciers des Allues. Août-septembre. — On en trouve deux variétés : la première n'a de poils que sur les sépales, et sa tige est ordinairement droite et forte ; la deuxième a la tige et les feuilles couvertes de poils roux ; elle est grêle, et sa tige, d'abord couchée, pousse des racines vers son milieu, et se redresse ensuite. Cette dernière est toujours à fleurs roses ; la première est souvent à fleurs blanches. Elles sont toutes deux connues dans le pays sous le nom de *Carline.*

7. *R. pyrenæus.* L. Beaupré ; Saut, près des glaciers des Allues. Juillet.

8. *R. plantagineus.* All. *R. pyrenæus,* v. *plantagineus* Koch. Dans les prairies au Morteret (Allues), près du chalet le plus élevé. Juillet.

9. *R. montanus.* Wiid. Col du Bonhomme ; col de la Madeleine, etc. Juillet.

10. *R. Villarsii.* Dc. *R. laponicus.* Vill. Montagne des Avanchers. Juillet.

### FAMILLE DES CRUCIFÈRES.

1. *Nasturtium pyrenaicum.* R. Brow. *Sisymbrium pyrenaicum.* L. Sur le bord de la route, à l'entrée de Séez. Juillet.

1. *Arabis bellidifolia.* Jacq. L. Sur les bords des ruisseaux au col du Bonhomme ; aux montagnes des Allues, au Morteret, etc. Juillet-août.

2. *A. cærulea.* Haenk. Au-dessous du col des Fours, du côté du Mottet. Août.

1. *Cardamine alpina.* Wild. Col du Bonhomme; montagnes des Allues. Juillet-août.

2. *C. resedifolia.* L. Mêmes localités que la précédente. Juin-juillet.

1. *Sisymbrium strictissimum.* L. Sur le bord du chemin au Bourg-Saint-Maurice; à Villette. Juillet.

2. *S. austriacum,* v. *acutangulum.* Koch. *Sinapis pyrenaica.* L. Autour des maisons de Peisey, à Tignes et surtout à Laval. Juillet.

1. *Hugueninia tanacetifolia.* Reich. Très-commune dans les prés et les bois, au-dessus de Laval. Juillet.

1. *Braya pinnatifida.* Koch. *Sysimbrium pinnatifidum.* Dc. fl. fr. *S. dentatum.* All. Col du Bonhomme; Saut aux Allues. Juillet-août.

1. *Vesicaria utriculata.* Dc. *Alyssum utriculatum.* L. Sur les rochers, à Apremont; à Moûtiers, du côté de Hautecour. Juin.

1. *Alyssum montanum.* L. Sur le bord du chemin, avant d'arriver au dernier chalet de Laval, du côté du Mont-Galise. Juin-juillet.

1. *Draba tomentosa.* Wahl. Contre les rochers au Saut (Allues). Juillet.

1. *Biscutella levigata.* L. Montagnes des Allues et des Avanchers; col du Bonhomme, etc. Juillet.

1. *Lepidium ruderale.* L. *Thlaspi ruderale.* All. Dc. fl. fr. Commun au bord des chemins, aux environs de Moûtiers. Juin-juillet.

1. *Hutchinsia rotundifolia*. R. Brow. *Thlaspi rotundi-folium*. Gaud. *Lepidium rotundifolium*. Dc. fl. fr. col du Bonhomme; col des Fours; col de la Forclaz, au-dessus de Beaupré. Juin.

2. *H. alpina*. R. Brown. *Lepidium alpinum*. L. Dc. fl. fr. Gaud. Mêmes localités que le précédent. Juin-juillet.

1. *Isatis tinctoria*. L. Commune aux environs de Moûtiers. Juin-juillet.

### FAMILLE DES CISTINÉES.

1. *Helianthemum fumana*. Mill. Lieux secs, à Salins. Juin-août.

### FAMILLE DES VIOLARIÉES.

1. *Viola palustris*. L. Beaupré. Dans la tourbière, près du chalet de MM. Rullier. Juillet.

2. *Viola calcarata*. L. Flore *cæruleo*. Dans toutes les montagnes. Juin-juillet. Flore *luteo*. Beaupré; Mont-Galise, vers la source de l'Isère.

3. *V. biflora*. L. Vallée de Tignes; montagnes des Allues, dans les lieux frais et humides. Juin-juillet.

### FAMILLE DES RÉSÉDACÉES.

1. *Reseda phyteuma*. L. Lieux secs, aux environs de Moûtiers, surtout en sortant de la ville, du côté de St-Maurice. Juillet.

## FAMILLE DES DROSÉRACÉES.

1. *Parnassia palustris*. L. Lieux humides aux montagnes des Avanchers, des Allues, etc. Août-septembre.

## FAMILLE DES CARIOPHYLÉES.

1. *Silene otites*. Smith. Salins, sur les coteaux et sur le bord du torrent. Juillet.
2. *S. rupestris*. L. Pralognan; Tignes; montagnes des Allues. Juillet.
3. *S. acaulis*. L. Montagnes des Allues et des Avanchers; Tignes; Beaupré; col du Bonhomme, etc. Juin-juillet.
1. *Lychnis alpina*. L. Col de la Seigne; montagne entre le col des Tours et le col de l'Enclave. Juillet-août.
2. *L. flos Jovis*. Lam. Pralognan. Juillet.
1. *Sagina procumbens*. L. Montagne entre Peisey et Mâcot; M. Thabuis, pharmacien à Moûtiers, m'en a rapporté de Pralognan une variété à fleurs pleines. Juillet.
1. *Cherleria sedoides*. L. Montagnes des Allues. Juillet.
1. *Stellaria nemorum*. L. Montagnes des Allues. Juillet.
1. *Cerastium latifolium*. L. Col du Bonhomme. Juillet-août.

## FAMILLE DES LINÉES.

1. *Linum alpinum.* Jacq. L. *montanum.* Dc. Montagnes des Avanchers. Juillet.
2. *L. tenuifolium.* L. Salins. Juillet-août.

## FAMILLE DES ACÉRINÉES.

1. *Acer monspessulanum.* L. Environs de Moûtiers, surtout du côté de Hautecour ; détroits du Saix, près de Saint-Marcel. En graines en juillet.

## FAMILLE DES GÉRANIÉES.

1. *Geranium sylvaticum.* L. Dans les prairies des montagnes. Juin-juillet.
2. *G. sanguineum.* L. Coteaux secs à Salins. Tout l'été.
3. *G. phœum.* Lam. Montagnes des Avanchers. Juillet.

## FAMILLE DES RUTACÉES.

1. *Ruta graveolens.* L. Au-dessus de Centron. Juillet.
1. *Dictamus fraxinella.* Per. Dans les taillis sur la rive gauche du Doron, entre Salins et Moûtiers. Juin-juillet.

## SOUS-CLASSE 2<sup>me</sup>. — *CALYCIFLORES.*

—

**FAMILLE DES PAPILLONACÉES.**

1. *Ononis rotundifolia*. L. Sur les coteaux autour de Salins. Juin-juillet.
2. *O. natrix*. L. Lieux secs aux environs de Salins et de Moûtiers. Tout l'été.
1. *Trifolium alpestre*. L. Montagne du Golet, au-dessus du village de Novalay, dans les prairies. Juillet.
2. *T. alpinum*. L. Montagnes des Allues et des Avanchers ; col de la Madeleine ; col du Bonhomme ; montagne entre Peisey et Mâcot. Juillet.
3. *T. cæspitosum*. Reyn. Montagnes des Allues et des Avanchers. Juillet-août.
4. *T. badium*. Schreb. Montagne entre Peisey et Mâcot ; celles des Allues et des Avanchers ; Pralognan ; col du Bonhomme. De juin en septembre.
1. *Phaca alpina*. Jacq. Montagnes des Allues, sous les rochers à droite, en montant du vallon au glacier. Juillet.
2. *P. astragalina*. Dc. Montagnes des Avanchers ; col du Bonhomme. Juillet-août.
1. *Oxytropis campestris*. Dc. Au-dessus de Laval. Juillet.
1. *Astragalus onobrychis*. L. Commune aux environs

de Moûtiers, jusqu'au Bourg-Saint-Maurice. Juillet.

2. *A. monspessulanus.* L. Coteaux secs, sur la rive gauche du Doron. Juin.

1. *Onobrychis montana.* Dc. *O. sativa,* v. *montana.* Koch. Entre Laval et le Mont-Galise; montagne du Golet. Juillet.

1. *Vicia tenuifolia.* Roth. Petit-Cœur; Villarlurin. Juillet.

1. *Lathyrus tuberosus.* L. Commune dans les blés, aux environs de Moûtiers. Juillet.

1. *Orobus luteus.* L. Montagne du Golet. Juin-juillet.

### FAMILLE DES ROSACÉES.

1. *Dryas octopetala.* L. Col de la Madeleine; montagne des Allues, etc. Juin-juillet.

1. *Geum reptans.* L. Seut aux Allues. Juillet.

2. *G. montanum.* L. Col du Bonhomme; col de la Madeleine; Beaupré; montagnes des Allues. Juin-juillet.

1. *Potentilla rupestris.* L. Sur les rochers de Moûtiers, du côté de Hautecour. Je ne l'ai pas trouvée en fleurs.

2. *P. argentea.* L. Même localité que la précédente et le long de la route de Peisey. Juillet.

3. *P. grandiflora.* L. Col du Bonhomme; Morteret, aux Allues.

1. *Alchemilla pentaphylla.* L. Morteret (Allues); col de

la Forclaz, au-dessus de Beaupré; petit St-Bernard, au-dessous de l'hospice. Juillet-août.

## FAMILLE DES ONAGRARIÉES.

1. *Epilobium Fleischeri*. Hochst. Sur le bord des torrents qui descendent des glaciers; Mottet; Salins, etc. Juillet-août.
2. *E. Dodonæi*. Vill. *E. rosmarinifolium*. Jacq. Dc. fl. fr. Moûtiers, près des salines. Juillet.
3. *E. origanifolium*. Lam. Col du Bonhomme, dans les lieux humides. Juillet.
4. *E. alpinum*. L. Col du Bonhomme; montagnes des Allues, près des ruisseaux. Juillet-août.

## FAMILLE DES PARONYCHIÉES.

1. *Herniaria alpina*. Vill. Mont-Galise, au-dessus du dernier chalet, sur la rive droite de l'Isère (vallée de Tignes). Juillet.

## FAMILLE DES SCLÉRANTHÉES.

1. *Scleranthus perennis*. L. Lieux secs et débris de rochers, au-dessus de Moûtiers; à Briançon; à Ste-Foy. Juillet.

## FAMILLE DES CRASSULACÉES.

1. *Sedum Anacampseros*. L. Sur les murs secs et les pierres entassées, à Laval; à Beaupré; au Golet; au Mottet; aux montagnes des Allues. Juillet-août.

2. *S. annuum.* L. Koch. Montagnes des Allues, dans les endroits secs. Juillet.

1. *Sempervivum tectorum.* L. Moûtiers, etc., sur les rochers. Juillet-août.

2. *S. montanum.* L. Même localité et col du Bonhomme. Juillet-août.

3. *S. arachnoideum.* L. Sur les rochers, dans la vallée de Tignes ; à Pralognan, etc. Juillet-août.

### FAMILLE DES SAXIFRAGÉES.

1. *Saxifraga biflora.* All. Col du Bonhomme; près de la sommité et au-dessous du col des Fours, du côté du Mottet. Juillet-août.

2. *S. aspera.* L. Montagnes des Allues, au Saut. Juillet.

3. *S. bryoides.* L. Col du Bonhomme ; montagnes des Allues, au Saut et au Morteret. Juillet.

> NOTA. Je crois, comme Mutel, que les *S. aspera* et *bryoides* ne sont que deux états de la même plante ; car on trouve les passages de l'une à l'autre espèce ; ils habitent souvent les mêmes lieux, et ne changent de forme que suivant que la fente du rocher où ils croissent est plus ou moins large, plus ou moins humide et plus ou moins exposée au soleil.

4. *S. aizoides.* L. Lieux humides des montagnes, bords des torrents de la plaine ; route de Brides. Juillet-août.

5. *S. stellaris.* L. Bords des ruisseaux, près du glacier des Allues et au col du Bonhomme. Juillet.

6. *S. cuneifolia.* L. Vallée de Tignes, près du pont de

la Balme; dans les bois entre Peisey et Mâcot. Juin-juillet.

7. *S. muscoides.* Wulf. Montagnes des Allues; Laval; col du Bonhomme, etc. Juin-août. Cette espèce varie beaucoup.

8. *S. exarata.* Vill. Morteret, aux Allues. Juillet.

9. *S. androsacea.* L. Montagnes des Avanchers. Juin-juillet.

## FAMILLE DES OMBELLIFÈRES.

1. *Apium graveolens.* L. Entre Salins et Moûtiers, le long des canaux de la saline. Juillet-août.

1. *Buplevrum ranunculoides.* L. Mont-Galise; au-dessus du dernier chalet, sur la rive droite de l'Isère. Juillet.

2. *B. stellatum.* L. Saut et Morteret, aux Allues. Juillet.

1. *Meum adonidifolium.* Hug. Prairies grasses sur la rive droite de l'Isère, quelques minutes avant et après le premier village de Laval. Juin-juillet. J'aurais publié la description de cette plante, si M. Huguenin, qui l'a découverte en 1830, ne désirait pas de l'étudier de nouveau, avant de la livrer à la publicité.

2. *M. mutellina.* Gaertn. *Ligusticum mutellina.* Dc. fl. fr. Montagnes des Avanchers, des Allues, etc. Juillet.

1. *Gaya simplex.* Gaud. *Laserpitium simplex.* Dc. fl. fr. Col du Bonhomme. Juillet-août.

122

1. *Laserpitium gallicum*. L. Environs de Moûtiers. Juillet.
2. *L. hirsutum*. Lam. *L. Halleri*. Gaud. Abondant aux montagnes des Allues, à droite en montant du vallon au glacier ; çà et là à Lanche-Farkire, au-dessus du Mottet. Juillet-août.

### FAMILLE DES CAPRIFOLIACÉES.

1. *Lonicera etrusca*. Santi. Au-dessus de Moûtiers, du côté de Hautecour. Juillet.
1. *Cornus mas*. L. Entre Salins et Villarlurin. Mars.

### FAMILLE DES STELLATÉES.

1. *Galium sylvestre, v. alpestre*. Koch. β *alpestre*. Gaud. Col du Bonhomme. Juin-juillet.

### FAMILLE DES VALÉRIANÉES.

1. *Centranthus angustifolius*. Dc. Au-dessous de la route, le long des parapets, entre Aigueblanche et Moûtiers. Juillet.

### FAMILLE DES DIPSACÉES.

1. *Scabiosa lucida*. Vill. Montagnes des Allues. Juillet.
1. *Dipsacus pilosus*. L. Environs de Moûtiers. Juillet-septembre.

### FAMILLE DES COMPOSÉES.

1. *Petasites neveus*. Baumg. *Tussilago nivea*. Wild. J'ai remarqué au Mottet des feuilles qui me paraissent appartenir à cette espèce. Mai.

1. *Linosyris vulgaris.* Cassin. *Chrysocoma linosyris.* L. Salins, près de la mine de Titane. Août-septembre.

1. *Aster amellus.* L. Lieux secs, à Salins. Août-septembre.

2. *A. alpinus.* L. Col de Bonhomme ; montagnes des Avanchers. Juillet.

1. *Erigeron alpinus.* L. Montagnes des Allues. Juillet.

2. *E. uniflorus.* L. Col du Bonhomme. Juillet-août.

1. *Micropus erectus.* L. Moûtiers, du côté de Hautecour. Juillet-août.

1. *Buphtalmum salicifolium.* L. Environs de Moûtiers. Juillet.

1. *Filago pyramidata.* Gaud. *F. germanica.* β *pyramidata.* Koch. Très-commun le long de la route, depuis Séez jusqu'à Tignes. Juillet.

1. *Gnaphalium supinum.* L. Montagnes des Allues ; col de la Gordaz ; petit Saint-Bernard, etc. Juillet-septembre.

2. *G. leontopodium.* L. Se trouve au Mont-Galise et aux montagnes des Allues, où il n'est pas abondant. Juillet-septembre.

3. *G. carpathicum.* Wahl. *Gn. alpinum.* Dc. fl. fr. Rare aux montagnes des Allues. Juillet.

1. *Artemisia absynthium.* L. Assez répandue en Savoie, mais nulle part aussi abondante qu'en Tarentaise, où elle devient un objet de commerce. Juin-août.

Cette plante présente de singulières anomalies dans ses stations : elle croît aux environs de

Chambéry, surtout près du château de Bourdeau; elle est rare aux environs de Genève, et n'habite pas le Faucigny; elle se retrouve à Thônes, au Bourg-Saint-Maurice jusqu'à Tignes, et en Valais jusqu'à Orsière et Liddes, sur la route du grand Saint-Bernard. Ainsi, après s'être montrée dans la position la plus méridionale de la Savoie, elle laisse un pays où la culture de la vigne est très-étendue, et se retrouve dans des lieux où la vigne est inconnue. Elle affecte la même bizarrerie pour le choix du terrain : dans la vallée de Tignes et sur la route du Saint-Bernard, elle croît sur des roches métamorphiques talc-schiste, etc.; de Moûtiers au Bourg-Saint-Maurice, elle est sur le terrain anthraxifère; à Salins, sur le gypse; à Chambéry et à Thônes, sur le calcaire ordinaire.

2. *Artenisia mutellina*. Will. Rochers des montagnes des Allues et de Saint-Martin-de-Belleville; col de l'Enclave; rochers entre le Chapieu et le Mottet. C'est le genépi mâle des montagnards. Juillet-août.

3. *A. nana*. Gaud. *A. borealis?* Pall. Assez abondante dans une roche talqueuse, près du col de l'Enclave. Espèce très-rare et dont on ne connaît pas d'autre localité en Savoie. Août-septembre.

1. *Achillea macrophylla*. L. Dans les bois, au-dessous du vallon aux Allues. Juillet.

2. *A. moschata*. Wulf. Çà et là dans toute la chaîne du Bonhomme. Août-septembre.

3. *A. atrata*. L. Comme la précédente; mais moins fréquente.

4. *A. nana*. L. Saut aux Allues, où elle est peu répandue; abondante dans la montagne qui se trouve entre le col des Fours et celui de l'Enclave; se trouve également au Bonhomme. Juillet-septembre. C'est le genépi femelle.

5. *A. odorata*. L. Commune aux environs de Moûtiers. Juillet-août.

1. *Chrysanthemum alpinum*. L. Col de la Madeleine, chaîne du Bonhomme; montagnes des Allues. Juillet-août.

1. *Aronicum scorpioides*. Reich. *Arnica scorpioides auctorum*. Montagnes des Avanchers, des Allues; chaîne du Bonhomme. Juillet-août.

1. *Senecio viscosus*. L. Le long de la route de Brides aux Allues, surtout près du village. Juillet-août.

2. *S. incanus*. L. Col du Bonhomme; Morteret, aux Allues. Juillet-septembre.

3. *S. doronicum*. L. Montagnes des Avanchers, des Allues, etc. Juillet-août.

1. *Cirsium eriophorum*. Scop. Abondant à Mâcot, près des laveries. Juillet-août.

1. *Carduus personata*. Jacq. Laval, dans les prairies. Juillet-août.

1. *Saussurea alpina*. Dc. Sommité du Borgne, aux Allues. Août.

1. *Centaurea Phrygia?* L. an. *C. nervosa*. Wlld. Golet; Pralognan; chaîne du Bonhomme; montagnes entre Peisey et Mâcot. Celle de cette der-

nière localité est souvent biflore et atteint jusqu'à 60 centimètres. Juillet-août.

2. *C. Clementi.* Gr. et Godr. Entre Laval et les derniers chalets, du côté du Mont-Galise. Cette espèce très-rare est nouvelle pour la Savoie. Juillet-août.

3. *C. uniflora.* L. Même localité que la précédente. Juillet-août.

1. *Lactuca virosa.* L. Dans les vignes aux environs de Moûtiers.

2. *L. viminea.* Schul. Koch. *Prenanthes viminea.* L. Détroit du Saix; Salins; entre Moûtiers et Brides; entre Brides et les Allues. Juillet-août.

1. *Hieracium aureum.* Wild. *Crepis aurea.* Cass. Col du Bonhomme, etc. Juillet.

2. *H. angustifolium.* Hoppe. Mottet, au-dessous de Lanche-Farkire. Août.

3. *H. piloselloides.* Vill. Salins, sur les bords du torrent, etc. Juin-juillet.

4. *H. aurantiacum.* L. Çà et là, en allant du village des Allues au Morteret. Juillet.

*H. aurantiacum, v. fuscum.* Vill. Même localité.

5. *H. sabinum β rubellum.* Koch. *H. multiflorum.* Schl. A. Laval, sur une grosse pierre, dans un pré, à droite en montant et à quelques minutes au-dessus du village de l'Eglise. Juillet.

6. *H. villosum.* L. Col du Bonhomme. Juillet-août.

7. *H. Schraderi.* Schleich. Col du Bonhomme. Juillet-août.

8. *H. glandulosum*. Hopp. Montagnes des Allues, rare. Juillet.

9. *H. lanatum*. Vill. Sur les rochers à Moûtiers, du côté de Hautecour. Juin.

### FAMILLE DES CAMPANULACÉES.

1. *Phyteuma hemisphericum*. L. Col du Bonhomme ; Morteret aux Allues. Juillet-septembre.

2. *P. orbiculare*. L. Partout dans les montagnes ; on en trouve à Laval qui atteint jusqu'à 40 centimètres de hauteur. Juillet-août.

3. *P. scorzonerifolium*. Vill. Au-dessus de Laval, dans les prairies. Juillet.

4. *P. betonicæfolium*. Will. Çà et là, à Tignes et à Laval, sur les rochers. Juillet.

5. *P. Halleri*. All. Au-dessus de Laval, dans les prairies. Juillet.

1. *Campanula barbata*. L. Montagnes des Allues et des Avanchers ; Golet ; col de la Madeleine ; col du Bonhomme. Juin-juillet.

2. *C. thyrsoidea*. L. Montagnes des Avanchers ; col de la Madeleine ; Golet ; Beaupré. Juin-juillet.

## COROLLIFLORES.

### FAMILLE DES GENTIANÉES.

1. *Swertia perennis*. L. Lieux marécageux au-dessus de Saint-Martin-de-Belleville, parfois au vallon (Allues). Juillet.

1. *Gentiana purpurea.* L. Saut; aux Allues; Bonhomme. Juillet-août.

2. *G. punctata.* L. Le Golet; Laval; Beaupré; montagnes des Allues. Juillet-août.

3. *G. excisa.* Presl. Col de la Madeleine; montagnes des Avanchers et des Allues. Juin-juillet.

4. *G. bavarica.* L. Mêmes localités que l'*excisa.*

5. *G. nivalis.* L. Col du Bonhomme. Juillet-août.

### FAMILLE DES BORRAGINÉES.

1. *Heliotropium europæum.* L. Dans les vignes, à Moûtiers. Juillet-août.

### FAMILLE DES SOLANÉES.

1. *Atropa belladona.* L. Dans les taillis au-dessus de Salins. Juillet-août.

1. *Physalis Alkekengi.* L. Salins. Juillet-août.

1. *Hyosciamus niger.* L. Sur le cimetière de Salins. Juin-juillet.

### FAMILLE DES ANTIRRHINÉES.

1. *Linaria alpina.* Mill. Bonhomme, etc. Juin-août.

1. *Veronica aphylla.* L. Entre Tignes et Laval; col du Bonhomme; montagnes des Allues. Juillet.

2. *V. bellidioides.* Morteret, aux Allues. Juillet-août.

3. *V. saxatilis.* Jacq. Comme la précédente.

4. *V. alpina.* L. Montagnes des Allues; col du Bonhomme. Juillet-août.

FAMILLE DES RHINANTHACÉES.

1. *Melampyrum nemorosum.* L. Commun dans les bois-taillis, aux environs de Moûtiers. Juillet-août.

1. *Pedicularis rostrata.* L. Col de l'Enclave. Août.

2. *P. cænisia.* Gaud. *P. Bonjeani.* Reich. Très-commune aux montagnes des Allues. Juillet.

Cette plante, découverte au Mont-Cenis par M. Bonjean père, n'avait encore été retrouvée qu'en petite quantité au Lautaret (Dauphiné).

3. *P. Barrelieri.* Reich. *P. ascendens.* Schl. Gaud. Col de la Madeleine. Juillet.

4. *P. incarnata.* L. Montagnes des Allues, surtout au Saut. Col du Bonhomme. Juillet.

5. *P. giroflexa.* Vill. *Varietas compacta.* Huguenin. Mont-Galise; Beaupré. Juillet.

6. *P. verticillata.* L. Mont-Galise; Bonhomme; montagnes des Avanchers et des Allues, etc. Juin-août.

7. *P. foliosa.* L. Au-dessus de Laval, dans les prairies. Juin-juillet.

1. *Bartzia alpina.* L. Montagnes des Avanchers, etc. Juin-août.

1. *Euphrasia minima.* Schl. Dc. Koch. Montagnes des Allues. Juillet-août.

2. *E. salisburgensis.* Funk. Mutel. *E. alpina.* Dc. fl. fr. Commune dans les débris de pierres jusqu'au pied des montagnes, à Salins, etc. Juillet-août.

9

3. *E. lanceolata.* Gaud. Dans les blés, au-dessus du Bourg-Saint-Maurice, et en allant à Pralognan. Juillet.

4. *E. linifolia.* L. Lieux chauds à Salins ; dans les vignes entre Moûtiers et Brides. Août.

## FAMILLE DES LABIÉES.

1. *Hyssopus officinalis.* L. Sur les rochers et sur les bords des torrents, à Salins et à Moûtiers. Juillet-août.

1. *Lavendula spica.* L. Sur les rochers à Moûtiers, du côté de Hautecour.

1. *Nepeta cataria.* L. Moûtiers, sur le bord de la route de Saint-Maurice.

1. *Betonica hirsuta.* L. Golet ; Pralognan ; chaîne du Bonhomme, dans les prairies. Juillet-août.

1. *Scutellaria alpina.* L. Entre Tignes et Laval, sur la rive droite de l'Isère. Juillet-août.

1. *Adjuga alpina.* Vill. Morteret, aux Allues. Juillet.

## FAMILLE DES PRIMULACÉES.

1. *Androsace alpina.* Lam. Dc. *Aretia alpina.* L. *And. pennina.* Gaud. Col des fours ; col de l'Enclave ; Saut aux Allues. Juillet-août.

2. *A. obtusifolia.* All. Montagnes des Allues. Juillet.

1. *Primula farinosa.* L. Sources de l'Isère ; col de la Madeleine ; montagnes des Avanchers, etc. Juin-juillet.

2. *P. villosa*. Jacq. Koch. Saut aux Allues. Beaupré; Laval. Juin.

3. *P. latifolia*. Lapey. Cette plante rare est abondante dans les rochers des montagnes des Allues, depuis les sommités du Saut, du Borgne et du Morteret, jusqu'au fond de la vallée du glacier. C'est à M. Thabuis, pharmacien à Moûtiers, que l'on doit la découverte de cette riche localité.

1. *Cortusa Mathioli*. L. Sur la rive gauche de l'Isère, sous une roche, à côté du premier pont que l'on rencontre entre Tignes et Laval. C'est, sans doute, la localité citée par Allioni.

1. *Soldanella alpina*. L. Sur toutes les montagnes, où elle se développe à mesure que les neiges fondent. Avril-juillet.

---

## SOUS-CLASSE 3<sup>me</sup>. — *MONOCHLAMYDÉES.*

### FAMILLE DES PLUMBAGINÉES.

1. *Armeria alpina*. Wild. *Statice alpina*. Hopp. *Statice armeria*, v. *A. alpina*. Gaud. Col du Bonhomme. Juillet-août.

### FAMILLE DES CHÉNOPODÉES.

1. *Polychnemum arvense*. Desf. Entre Sainte-Foy et Tignes, dans les ravins. Juillet-août.

1. *Chenopodium botryx.* L. Même localité que la précédente. Juillet-août.

### FAMILLE DES POLYGONÉES.

1. *Rumex alpinus.* L. Commun autour des chalets aux montagnes des Avanchers, au Bonhomme, etc. Juillet-août.
2. *R. scutatus.* L. Col du Bonhomme, etc. Juillet-août.
1. *Polygonum viviparum.* L. Col du Bonhomme, etc. Juin-août.

### FAMILLE DES SANTALACÉES.

1. *Thesium alpinum.* L. Montagnes des Allues. Juin-juillet.

### FAMILLE DES EMPÉTRÉES.

1. *Empetrum nigrum.* L. Commun dans les montagnes des Allues, près du Morteret; chaîne du Bonhomme. Juin.

### FAMILLE DES SALICINÉES.

1. *Salix grandifolia.* Sering. Montagnes des Avanchers. Juin-juillet.
2. *S. hastata.* L. Même localité que le précédent. Juin-juillet.
3. *S. arbuscula β fœtida.* Koch. Mont-Galise; montagnes des Avanchers. Juin-juillet.
4. *S. reticulata.* L. Col de la Forclaz. Juillet.

5. *S. retusa.* L. Beaupré; montagnes des Avanchers. Juin-juillet.
6. *S. serpyllifolia.* Scop. *S. retusa minor.* Koch. Mont-Galise; col de la Seigne. Juin-juillet.
7. *S. herbacea.* L. Montagnes des Allues; col de la Forclaz. Juillet-août.

# MONOCOTYLÉDONÉES.

## PHANÉROGAMES.

### FAMILLE DES ORCHIDÉES.

1. *Aceras anthropophora.* R. Brown. *Ophryx anthropophora.* L. Environs de Moûtiers; lieux secs. Mai.

### FAMILLE DES LILIACÉES.

1. *Lilium bulbiferum.* L. Prairies, au Golet. Juillet.
2. *L. martagon.* L. Golet; Tignes. Juillet.
1. *Asphodelus albus.* Mill. Prairies, au Golet. Juin-juillet.
1. *Paradisia liliastrum* Bertolini. *Hemerocallis liliastrum.* L. *Anthericum liliastrum.* Gaud. *Czackia liliastrum.* Duby. Prairies, au Golet; aux montagnes des Avanchers. Juin-juillet.

1. *Ornithogalum fistulosum.* Ram. *Gagea fistulosa.* Duby. Montagnes des Allues. Mai-juillet.
1. *Allium sphœrocephalum.* L. Lieux secs au Villaret. Juillet.
1. *A. schœnoprasum*, v. *alpinum.* Koch. Bonhomme; montagnes des Allues et de Belleville. Juillet-août.

### FAMILLE DES COLCHICACÉES.

1. *Colchicum alpinum.* Dc. Prairies, au Mottet, sur la rive droite du torrent. Août-septembre.
1. *Veratrum album.* L. Montagnes des Avanchers; Mâcot; près des laveries, etc. Juillet-août.
2. *V. Lobelianum.* Bernhard. Dans les prairies, au Mottet; aux montagnes des avanchers. Juillet-août.

Je doute qu'il soit distinct du *V. album*, avec lequel il est presque toujours mêlé; on le reconnaît cependant facilement à ses fleurs vertes qui frappent la vue à côté des fleurs blanches de l'autre.

### FAMILLE DES JONCÉES.

1. *Juncus Jacquini.* L. Sur le bord du torrent qui traverse le vallon, aux Allues. Juillet.
2. *J. trifidus.* L. Sur les rochers, au col du Bonhomme. Juillet-août.
1. *Luzula lutea.* Dc. Montagnes des Allues. Juillet.

### FAMILLE DES CYPÉRACÉES.

1. *Carex atrata*. L. Sur les rochers au col du Bonhomme. Août.

## CRYPTOGAMES.

### FAMILLE DES FOUGÈRES.

1. *Allosurus crispus*. Bes. Koch. *Osmunda crispa*. L. Montagnes de Saint-Martin-de-Belleville, entre le col des Fours et le col de l'Enclave. Août.

1. *Polystichum thelypteris*. Roht. Autour du lac de Saint-Marcel. Je ne l'ai pas trouvé en fruit.

1. *Asplenium septentrionale*. Hoffm. Sur les grandes pierres dans la vallée de Tignes.

### FAMILLE DES LYCOPODIACÉES.

1. *Lycopodium selago*. L. Montagnes des Allues.

# TABLE DES MATIÈRES

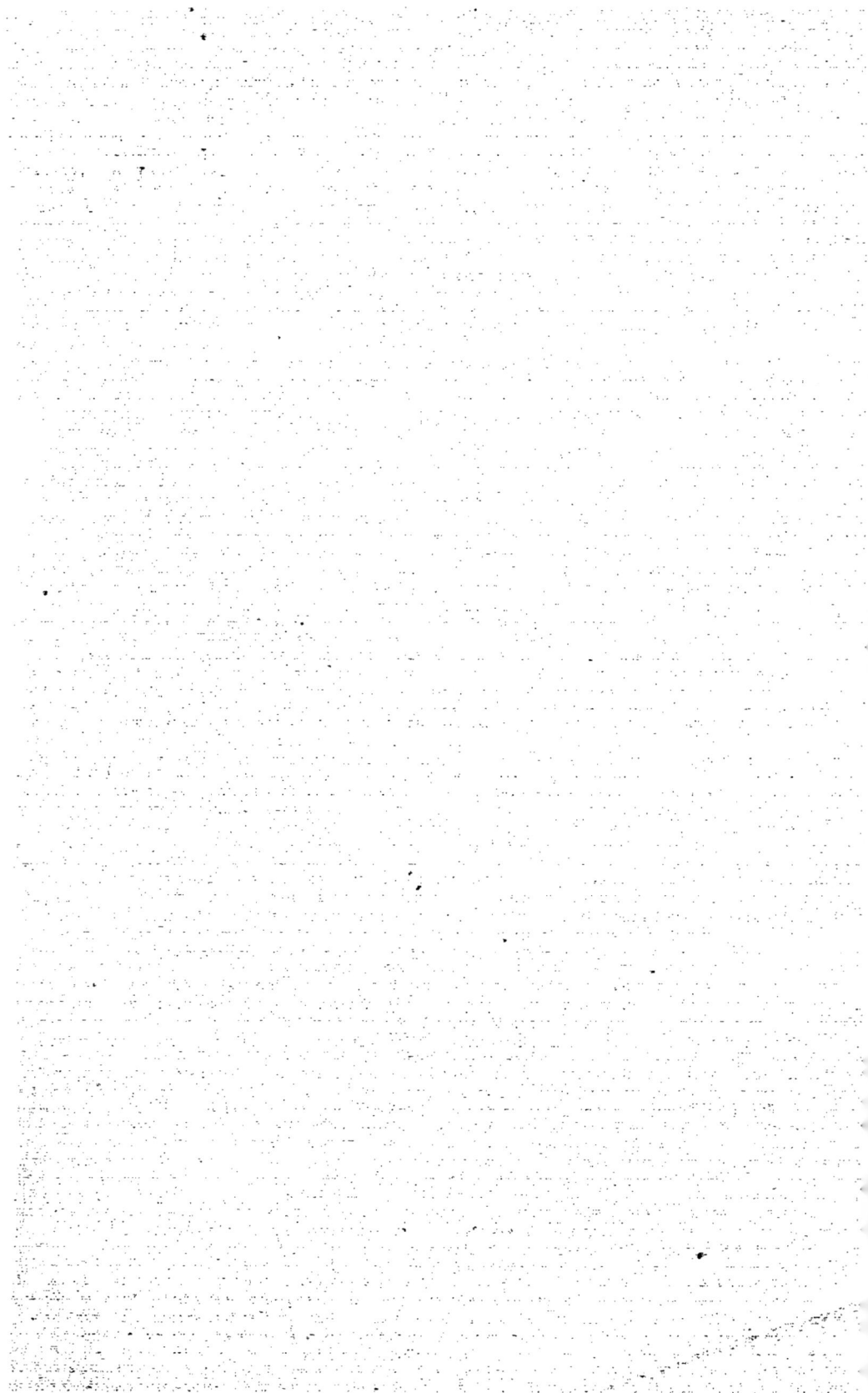

www.ingramcontent.com/pod-product-compliance
Lightning Source LLC
Chambersburg PA
CBHW072110090426
42739CB00012B/2918